MARCO POLO

HARZ

Reisen mit Insider Tipps

Diese herrliche Landschaft, das Erlebnis der Jahreszeiten, der weite Blick aus dem Fenster. Wenn man aus dem Haus geht, ist man in fünf Minuten in der Natur.

MARCO POLO Autor
Hans Bausenhardt

(siehe S. 127)

Spezielle News, Lesermeinungen und Angebote zum Harz:
www.marcopolo.de/harz

HARZ

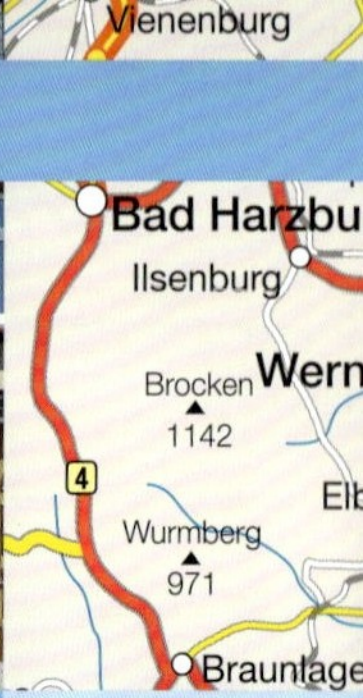

> SYMBOLE

Insider Tipp **MARCO POLO INSIDER-TIPPS**
Von unserem Autor für Sie entdeckt

★ **MARCO POLO HIGHLIGHTS**
Alles, was Sie im Harz kennen sollten

SCHÖNE AUSSICHT

WLAN-HOTSPOT

▶▶ **HIER TRIFFT SICH DIE SZENE**

> PREISKATEGORIEN

HOTELS
€€€ über 100 Euro
€€ 60–100 Euro
€ unter 60 Euro
Die Preise gelten für zwei Personen im Doppelzimmer mit Frühstück in der Saison

RESTAURANTS
€€€ über 20 Euro
€€ 10–20 Euro
€ unter 10 Euro
Die Preise gelten für ein Hauptgericht ohne Getränke

> KARTEN

[112 A1] Seitenzahlen u Koordinaten f Reiseatlas Har
[0] außerhalb des Kartenausschn

Karten zu Goslar, Qued Wernigerode und zum finden Sie im hinteren schlag

Zu Ihrer Orientierung s auch die Orte mit Koor ten versehen, die nich Reiseatlas eingetragen

INHALT

> SZENE

S. 12–15: Trends, Entdeckungen und Hotspots! Was wann wo im Harz los ist, verrät die MARCO POLO Szeneautorin vor Ort

> 24 STUNDEN

S. 96/97: Action pur und einmalige Erlebnisse in 24 Stunden! MARCO POLO hat für Sie einen außergewöhnlichen Tag im Harz zusammengestellt

> LOW BUDGET

Viel erleben für wenig Geld! Wo Sie zu kleinen Preisen etwas Besonderes genießen und tolle Schnäppchen machen können:

Frei baden, gratis spielen S. 39 | Schlafen beim Bio-Bauern S. 57 | Speisen im Wald S. 75 | Nahrhaftes vom Erzeuger S. 86

> GUT ZU WISSEN

Was war wann? S. 10 | Spezialitäten S. 26 | Blogs & Podcasts S. 45 | Brockengespenst S. 66 | Die Rückkehr der Luchse S. 78 | Bücher & Filme S. 88 | www.marcopolo.de S. 106 | Was kostet wie viel? S. 107 | Wetter im Harz S. 109 |

AUF DEM TITEL
Beuys in Goslar S. 39
Besuch bei Dracula S. 105

ENTDECKEN SIE DEN HARZ!

Unsere Top 15 führen Sie an die traumhaftesten Orte und zu den spannendsten Sehenswürdigkeiten

Die Highlights sind in der Karte auf dem hinteren Umschlag eingetragen

1 Walpurgis
Am 30. April gehört der Harz den Hexen. Überall wird gefeiert (Seite 22)

2 Burg Falkenstein
Hoch über dem Selketal gelegen und eingebettet in uralte Eichenwälder, ist sie eine der schönsten Burgen des Harzes (Seite 34)

3 Goslar
Die Altstadt mit den bunten Fachwerkhäusern ist Teil des Unesco-Welterbes (Seite 37)

4 Halberstadt
Der gotische Dom gehört zu den schönsten Sakralbauten des Harzes. Zum Domschatz zählen Goldschalen und Wandteppiche (Seite 40)

5 Quedlinburg
Die Stiftskirche und ein Teil der Altstadt sind Unesco-Welterbe (Seite 43)

6 Bodetal
Den wilden Fluss und sein Tal inmitten hoher Felsen muss man zu Fuß entdecken (Seite 47)

7 Schloss Wernigerode
Das Schlossmuseum des „Neuschwanstein des Nordens“ zeigt ein Wohnschloss des 19. Jhs. (Seite 48)

8 Kloster Walkenried
Hier spürt man Geschichte. Noch im Zerfall wirkt die Ruine mit ihrem gotischen Kreuzgang imposant. Das Museum gibt ein Bild vom Leben der Mönche im Mittelalter (Seite 55)

> DIE BESTEN MARCO POLO HIGHLIGHTS

9 Kyffhäuser-Denkmal
Über Barbarossas Burg erhebt sich das Riesendenkmal Kaiser Wilhelms. Die Aussicht von dort ist die vielen Stufen wert. An klaren Tagen überblickt man den ganzen Harz von Süden bis zur Brockenkuppe (Seite 55)

10 Harzquerbahn
Alte Dampflokomotiven fahren auf einem 132 km langen Streckennetz – beschaulich reisen bei 20–30 km/h, Blumen pflücken verboten (Seite 65)

11 Brocken
Der höchste Berg des Harzes ist das Ziel vieler Wanderer. Bei schönem Wetter atemberaubende Sicht, dazu das Brockenhaus und alpine Pflanzen (Seite 66)

12 Marktkirche
Deutschlands größte Holzkirche steht in der Bergbaustadt Clausthal-Zellerfeld (Seite 70)

13 Steinharz
Wie Türme und Bastionen ragen die Felsklippen aus Wald und Moor. Auf einige kann man hinaufsteigen und die Aussicht genießen (Seite 78)

14 Tropfsteinhöhlen
Stalagmiten und Stalaktiten faszinieren in der Baumanns- und der Hermannshöhle bei Rübeland (Seite 86)

15 Stolberg
In der schönen Fachwerkstadt gibt es viele kleine Kneipen in den engen Gassen (Seite 87)

WAS
FÜR
EINE
REGION!

AUFTAKT

> Entdecken Sie den Harz! Er ist nämlich nicht nur Wald, Brauchtumspflege mit Bergknappen und Jodeln, sondern er präsentiert sich Ihnen mit Tropfsteinhöhlen und Karstlandschaften, Schaubergwerken und den bekannten Wanderwegen auf den Brocken und durchs Bodetal, mit einsamen Pfaden und Badeseen. Für Mountainbiker sind seine Trails von über 1500 km Länge ein echtes Eldorado. Darüber hinaus bietet der Harz mit dem Weltkulturerbe von Goslar und Quedlinburg, mit der bunten Altstadt von Wernigerode, dem Halberstädter Dom und mit Deutschlands längstem Schmalspurbahnnetz unter Dampf viel Abwechslung.

> Der Harz erhebt sich unübersehbar aus der Norddeutschen Tiefebene, in der Mitte überragt alles beherrschend der Brocken die Höhen des Oberharzes im Westen und den deutlich flacheren Ostharz mit seinen ausgedehnten Hochebenen. 100 km ist das Mittelgebirge lang und 35 km breit.

Dichter Wald bedeckt die Flanken der Harzberge, die überall steil aus dem Umland aufsteigen. Auf den Höhen wachten früher zahlreiche Burgen über den Zugang in das erzreiche Innere des Harzes. Die meisten sind zu Ruinen zerfallen, von manchen ist nur der Name geblieben, andere sind zu ansehnlichen Schlössern geworden. Den Bächen entgegen zu ihren Quellen führen die Wege und Straßen in den Harz hinein, in die Wälder mit hohen Fichten und schlanken Buchen. Die Täler sind meist tief eingeschnitten.

Der Harz wurde lange unter Wert gehandelt, hatte den altbackenen Geruch von Familienferien, Genesungswerk und Kurbetrieb, wodurch viele Orte ihr Auskommen hatten. Mit der

> *Buntes Fachwerk und Romanik wechseln sich ab*

Wiedervereinigung änderte sich das Bild. Der Harz war plötzlich wieder im Herzen Deutschlands, die Harzer

Geschafft! Und nun wird der schönste Abstieg vom Brocken gesucht

wurden selbstbewusster, stolz auf ihr ganzes Gebirge. Nationalparks wurden gegründet – 1990 im Osten, vier Jahre später auch im Westen. Seit 2006 sind diese Parks nun zum „Nationalpark Harz“ zusammengeführt. Das zieht immer mehr Naturliebhaber an: an Flora und Fauna Interessierte, Wanderer, Radfahrer und natürlich Wintersportler genießen die Landschaft. Doch ebenso fürs Klettern in der Halle und an richtigen Felsen, Drachenfliegen, Kanufahren und Mountainbiking, Langstreckenwandern, Angeln und Pferdetrekking gibt es in vielen Orten Angebote zuhauf.

Der Harz ist ein Feriengebiet für das ganze Jahr. An schönen Sommerwochenenden kommen die Besucher zu Abertausenden, meist auf wenige Stellen konzentriert. Dabei könnten sie gar nicht weit von den beliebten Plätzen entfernt stundenlang durch die Natur streifen, ohne einen Menschen zu treffen. Der Winter ist die zweite Hochsaison im Harz. Sonne, Schnee, Raureif und Eiszapfen schaffen dann Traumlandschaften.

Der Harz ist viel mehr als Bäume und Berge. Schon vor 200 und mehr Jahren zog es Reisende in den Harz, seit 150 Jahren gibt es Badeorte, Herbergen, Hotels und Reiseführer. Die Stätten der deutschen Kaiser des Mittelalters, Hexensagen, Walpurgisnacht und Blocksberg, die Dichter seit den Tagen Johann Wolfgang von Goethes und Heinrich Heines sowie die Malerei der Romantik haben den Harz zu einem der ersten großen Reiseziele der Deutschen gemacht. Bergwerke, mittelalterliche Burgen und Kirchen, die bunten Fachwerkstädte ziehen heute wie einst die Besucher in Bann. Die Altstädte von Goslar und Quedlinburg wurden in die Unesco-Liste des Welterbes aufgenommen. Und wer sich für romanische Kunst interessiert, muss nicht erst in die Provence reisen – im Harz gibt es allerorten eindrucksvolle Beispiele dieser Epoche.

Der Harz ist ein altes Gebirge. Das älteste Gestein ist der Eckergneis mit 560 Mio. Jahren. Vor 440–320 Mio. Jahren war die Harzregion Meer. Die Gebirgsbildung setzte vor 310–320 Mio. Jahren ein, als das Gebirge von Südosten nach Nordwesten als Scholle angehoben wurde, die an der Nordkante scharf abbrach. Während dieses Prozesses stiegen glühende Gesteinsmassen aus dem Erdinneren auf, was aber nur im Südharz zum Ausbruch von Vulkanen führte. Meist blieb die Magma unter dem Deckgebirge und erkaltete langsam. Dabei setzten sich in Gängen und Klüften Mineralien ab, Erzgänge bildeten sich, die in geringem Umfang möglicherweise schon seit der Bronzezeit, historisch belegt ab 968 mit der Entdeckung des Rammelsberger Silbers abgebaut wurden. Die letzte intensive Modellierung erfuhr der Harz in den Eiszeiten der letzten 2,4 Mio. Jahre, als die Hochflächen und flachen Kuppen unter dem Eis dicker Gletscher lagen, deren stetige Bewegung den Stein glatt schliff.

> *Naturliebhaber und Sportler finden ein reiches Angebot*

WAS WAR WANN?

Geschichtstabelle

Ende des 8. Jhs. Eroberung und Christianisierung des sächsischen Gebiets um den Harz, Gründung vieler Klöster

10.–11. Jh. Das Gebiet zwischen Harz, Braunschweig und Magdeburg ist kaiserliches Machtzentrum und Goslar ab 1015 Kaiserpfalz

968 Im Rammelsberg wird Silber entdeckt, Beginn des Harzbergbaus

1024 Mit dem Tod Heinrichs II. erlischt das ottonische Herrscherhaus. Goslar bleibt unter den Saliern Kaiserpfalz

15.–16. Jh. Die Landesherren siedeln Bergleute aus dem Erzgebirge in den Oberharzer Bergstädten an

1625–31 Der Harz, seine Bergbaugebiete und viele Städte am Harznordrand werden im 30-jährigen Krieg verwüstet

1777 Johann Wolfgang von Goethe besteigt den Brocken

16.–18. Jh. Höhepunkt der Erzförderung

19. Jh. Neue Technologien (Fahrkunst, Sprengstoff) im Bergbau, Beginn des Fremdenverkehrs, Eisenbahnbau

Ab 1900 Ende des Harzbergbaus

1943–45 Ausbau unterirdischer Stollen für Kriegsindustrien, für die Zwangsarbeiter und KZ-Häftlinge schuften

1961 Mauerbau. Der Brocken wird zum Sperrgebiet

1989 Die innerdeutsche Grenze verschwindet mit dem Fall der DDR

2000 Im Nationalpark werden Luchse ausgewildert – mit Erfolg

Anfang 2006 Die beiden Nationalparks werden zum „Nationalpark Harz" vereinigt

Der Harz blieb der menschenfeindliche Wald, der dem Gebirge seinen Namen gab: „Hart" ist das althochdeutsche Wort für Wald. Sogar die Mönche, die sonst die abgeschiedensten Orte für ihre Klöster suchten, mieden – mit Ausnahme von Zella bei Clausthal – das Harzinnere. Sie gründeten am Fuß der Berge, wo Landwirtschaft möglich war, in Goslar, Ilsenburg, Walkenried und am Michaelstein große Klöster.

Reichtum und Glanz der Städte am Harzrand, und dort besonders im Norden, wuchsen, als der Raum zwischen Weser, Harz und Elbe unter Karl dem Großen Sprungbrett für die Erweiterung des Reichs nach Osten wurde. Der Beginn eines einheitlichen deutschen Reichs unter Otto I.

> *Der Bergbau schuf Wohlstand für fast 1000 Jahre*

fällt zeitlich – um 1000 – mit dem Beginn des Harzbergbaus zusammen. Die Region wurde für fast 200 Jahre zum Herzen des Reichs und erlebte durch ihre zentrale Lage, durch Handel, Bergbau und die Fruchtbarkeit der Bördenlandschaft vor dem Nordrand eine weitere zwei bis drei Jahrhunderte währende Blütezeit.

Um 1450 begann die Erschließung und Besiedelung des Oberharzes. Die Landesherren riefen Bergleute aus dem Erzgebirge ins Oberharzer Revier, Bergwerke und Verhüttung standen in den sieben Bergstädten unter Landeshoheit. Verglichen mit den Dörfern oder den Handwerkervorstädten waren die Bergstädte geräumig und adrett. Damals entstanden die vielen Teiche und Gräben, die für das Antriebswasser der bergbaulichen Einrichtungen sorgten.

Zwei Kriege setzten dem prosperierenden Landstrich und seinen Burgen und Städten besonders zu: Der Südharz war einer der Hauptschauplätze im Bauernkrieg. Viele Burgen und Klöster wurden zerstört. 1525 wurden die von Thomas Müntzer geführten Bauern bei Frankenhausen vernichtend geschlagen. Hundert Jahre später verwüstete der 30-jährige Krieg große Teile des Harzes.

In die Jahrzehnte vor und um 1800 fällt die Entdeckung des Harzes durch erste Touristen. Die Besteigung des Brocken, noch 1777 für Johann Wolfgang von Goethe ein Wagnis in der Wildnis, wurde schon bald zur Lustpartie. Um 1900 ist der Harz das meistbesuchte Feriengebiet in den deutschen Mittelgebirgen. Wernigerode, Blankenburg und an allererster Stelle Harzburg, wo der Kaiser zum Kuren weilte, waren noble Ferienorte. Ganz anders im Harzinneren: In den Bergstädten des Oberharzes schlossen von 1880 bis 1910 die meisten Gruben. Bittere Not zwang viele Familien zur Auswanderung.

Nach dem Zweiten Weltkrieg und dem Fall der „Festung Harz" verlief seit 1945 die deutsch-deutsche Grenze mitten durch das Mittelgebirge. Heute lockt die wieder vereinte Region, Harz und Harzer kennenzulernen. Gehen Sie wandern, fahren Sie Rad oder kommen Sie dem Schienenstrang der Harzbahn auf die Spur, genießen Sie die Badeseen, die ruhigen Dörfer und Kleinstädte – und nicht zuletzt die Gastfreundschaft der Harzbewohner, ihre Feste und das gute Essen. Entdecken Sie den Harz!

Einer der vielen Wasserfälle im Harz: der Radau-Wasserfall

WAS IST ANGESAGT?

Trends, Entdeckungen und Hotspots. Unser Szene-Scout zeigt Ihnen, was im Harz los ist

Andrea Brede
Die Profi-Sportlerin lebt nicht nur in Goslar, sondern ist auch dort geboren. Klar, dass sie den Harz kennt wie ihre Westentasche. Die Triathletin und Ironman-Gewinnerin lebt gerne naturnah, und weil sie vor, während und nach dem Trainieren stets die Augen offen hält, entdeckt sie immer wieder Neues in ihrem geliebten Landstrich (*www.andreabrede.com*).

BEING WELL

Entspannung pur im Harz

Wellness wird neuerdings groß geschrieben in den Harzer Hotels. In *Victor's Vital Resort* im gleichnamigen Residenz-Hotel in Teistungen *(Klosterweg 6–7, www.victors.de)* wird in Pools und Beauty-Salons entspannt. Das edle *Puria Classic Spa* findet sich im Hotel *Travel Charme Gothisches Haus (Marktplatz 2, www.travelcharme.com)*. Auch in der *Residenz Hohenzollern*, Deutschlands kleinstem 5-Sterne-Hotel, herrscht Luxus für die Sinne – zum Beipsiel bei Thalgo-Marine-Treatments *(Dr.-Barner-Str. 10–11, Braunlage, www.residenz-hohenzollern.de)*. Wundervoll wellnessen lässt es sich auch in den heilkräftigen Sole-Thermen in Bad Harzburg *(Nordhäuser Str. 3, www.solehotels.de*, Foto*)*.

MEDITATION

Wirkt Wunder: Re-Energising im Kloster

Meditieren, nachdenken, spirituelle Kraft finden – Kloster-auf-Zeit-Programme sind im Trend. Die bietet z.B. das *Gethsemanekloster* in Goslar *(Gut Riechenberg 1, www.gethsemanekloster.de)* – auf Wunsch sogar mit Schweigepflicht! Zu klassisch? Komplett neue Pfade beschreitet das *Kloster Gerode* (Foto), wo Gestresste bei Wellness, Retreat-Seminaren und Yogakursen zur Ruhe kommen *(www.klostergerode.de)*. Geistliche Begleitung gibt es im *Kloster Huysburg* in Huy *(www.huysburg.de)*, und auch das *Kloster Drübeck* bietet Ruhetage an *(Haus der Stille, Klostergarten 6, www.kloster-druebeck.de)*.

SZENE

CAVE CULTURE

Kultur in Natur-Locations

Als wäre so mancher Klassiker nicht schon gruselig genug, sorgt in Rübeland eine ziemlich skurrile Umgebung für schaurig-schönen Theatergenuss: Bei den Harzer Höhlenfestspielen wird unter Tage inszeniert, im *Goethesaal* der Baumannshöhle *(Baumannshöhle, Blankenburger Str. 35, www.harzer-hoehlen.de,* Foto*)*. Für Frischluftfanatiker zieht das *Harzer Bergtheater Thale* unter freiem Himmel alle Register, von Rocky Horror Show bis Dornröschen *(Hexentanzplatz, www.harzer-bergtheater.de)*. Romantische Umgebung wird im Innenhof des mittelalterlichen *Wasserschlosses Westerburg* mitgeliefert *(Westerburg 34, Westerburg/Lkrs. Halberstadt, www.hotel-westerburg.de)*. Wem das noch nicht speziell genug ist, der geht zum Musical auf den höchsten Berg des Harzes und besucht *Faust – eine Rockoper auf dem Brocken (www.hsb-wr.de)*.

HARZ BY NIGHT

Party-Update: Die besten Locations

Let's get it started! Richtig abgehen kann man in der Bad Harzburger *Fun Factory*, die besonders für ihre wilden Motto-Partys bekannt ist *(Goedeckekamp 4, www.discothek-fun-factory.de)*. Heiß geht's auch in der *Klima-Club-Lounge* zu, die nach einem Umbau zur trendigen Partyperle avanciert ist *(Hochofenstr. 22f, Ilsenburg, www.klima-club-lounge.de)*. Auch in Goslar ist einiges geboten: Samstags ist vor allem das edle *Tiffany's* ein heißer Tipp *(Marktkirchhof 3, Goslar, www.tiffanys-club.de,* Foto*)*, für den Cocktail vorab empfiehlt sich die stylishe, neu eröffnete Bar *Dinx (Westerlange 7, Autohof Northeim, www.dein-dinx.de)*. Funkig sind die Nächte im *EM Kulturpol* in Wernigerode *(Am Köhlerteich, Elmo Halle 2, www.em-kulturpol.de)*.

TATORT HARZ

Kriminell gute Dinner, Touren und Events

Ganz schön kriminell, was Freizeitanbieter im Harz veranstalten! Da gilt es zum Beispiel auf Gruppenreisen Miss-Marple-mäßig blutige Morde aufzuklären – natürlich sind die nur konstruierte Geschichten *(diverse Locations, Buchung über den Incentive-Anbieter Hirschfeld Touristik Event, www.hirschfeld.de)*. Der Titel Super-Detektiv wird in Bad Harzburg verliehen: Auch hier ist Teamgeist gefragt, wenn es darum geht, im Rahmen von Krimi-Touren ein Verbrechen aufzuklären. Veranstalter ist die Touristeninformation Bad Harzburg *(www.bad-harzburg.de)*. Ermittelt wird in der ganzen Stadt, unter anderem auch im *Skyrope Hochseilpark* (Foto), wo in Schwindel erregenden Höhen Spuren gesichert werden müssen *(www.skyrope.de)*. Tatort Nr. 3 ist Wernigerode, wo das Krimi-Dinner "Ein Leichenschmaus" anlässlich der Testamentseröffnung eines gewissen Lord Ashtonburry regelmäßig für Edgar-Wallace-Feeling sorgt *(Tel. 0201 9597130, www.krimidinner.de)*.

AUS ALT MACH COOL

Ausrangierte Hallen werden szenig

Partys, Moderne Kunst, Kino, Kabarett, Theater und, und, und: In den alten Industrie-Hallen des Harzes tobt jetzt das Social Life. *Das Alte E-Werk* in Blankenburg versteht sich als Kunst- und Kulturzentrum *(Halberstädter Str. 1/3/5, www.das-alte-ewerk.de*, Foto*)*. Im *Kulturkraftwerk Harz Energie* gehen Qualität und Quantität eine gute Verbindung ein – jede Menge Happenings mit Künstlern bereichern die Kulturszene *(Hildesheimer Str. 21, Goslar, www.kulturkraftwerk.de)*. In der *Alten Weberei* in Nordhausen stehen DJs aus ganz Deutschland an den Turntables *(Salzaquellweg 11, www.alte-weberei.de)*.

POOL-PARTY

Springbreak, Sommerlaune und Abtanzen im Freibad

Die Harzer Party-People holen sich den Beach in die Berge! DJs heizen bei regelmäßigen Strandpartys das *Waldbad Darlingerode* ein *(im Sandtal Darlingerode, Termine auf www.harzflirt.de)*. Auch im *Freibad Zorge* versammelt sich einmal im Jahr alles, was Party machen will *(im Kunzental, Zorge, Termine auf www.walkenried.de)*. Da lässt sich das Seeland auch nicht mehr bitten: Im Sommer steigen Beach-Partys *(Seelandstraße, Nachterstedt, www.seeland.de)*. Der erste City-Beach des Harzes wurde übrigens im Openair-Bereich der *Alten Weberei* rund um einen kleinen Pool aufgeschüttet *(Salzaquellweg 11, Nordhausen, www.alte-weberei.de*, Foto*)*. Also, dabei sein auf den frischen Partys!

TRAU DICH!

Ringe tauschen mal anders

Las Vegas? Nein danke, ungewöhnliche Hochzeitslocations gibt's jetzt auch im Harz! Das Ja-Wort geben sich Heiratswillige beispielsweise in der festlich geschmückten *Burgberg-Seilbahn* (Foto) und feiern danach in knapp 500 Meter Höhe in der Bergstation *(www.bad-harzburg.de)*. Das atemberaubende Ambiente zwischen Stalagmiten und Stalaktiten macht auch in den Rübeländer Baumannshöhlen den wichtigsten Tag im Leben noch unvergesslicher *(www.harzer-hoehlen.de)*. Und noch ein heißer Tipp für den Winter: Jeden Dezember versprechen sich Verliebte in einem Hexenhaus, der verschneiten Filmkulisse aus *7 Zwerge – der Wald ist nicht genug*, die ewige Treue *(Standesamt Bad Harzburg, Tel. 05322 743 16 www.bad-harzburg.de)*.

> VON HEXEN UND HÖHLEN

Was Sie über Land und Landschaft, über Menschen und Harzer Merkwürdigkeiten wissen sollten

BERGWERKE

Silber, Eisenerze, Kupfer, Blei und Zink wurden seit dem 9. Jh. aus der Tiefe der Berge geholt, die Harzer Bergwerke besaßen Europas tiefste Schächte. Seit 1990 stehen die letzten Gruben still. Die Anlagen wurden zu Museen und Schauschächten. Eine Broschüre über die 21 Besucherbergwerke und Bergbaumuseen gibt bei den Touristbüros.

FAUNA

Die Harzer Tierwelt ist sehr viel artenreicher, als es Hirsche und Rehe an den bei Tieren und Zuschauern so beliebten Wildfütterungen erscheinen lassen. Vor dem Menschen verbergen sich Luchse, Wildkatzen, Eulen und Käuze, Uhus, Auerhühner und Schwarzstörche. Raubvögel (Bussarde, Rotmilane, gelegentlich auch Habichte und Fischadler) krei-

STICH WORTE

sen über den Hügeln im Vorharz und im Unterharz. Dank der ebenfalls vielfältigen Blumenwelt gibt es viele Schmetterlingsarten und Singvögel.

FLORA

Typisch und unübersehbar ist im Sommer das purpurne Leuchten von Fingerhut und Weidenröschen an den Waldrändern und auf den Lichtungen der Oberharzer Fichtenwälder. Wenige Arten bilden die ganz besondere Flora der Moore: Torfmoos, Wollgras, Bärlapp und Sonnentau, der das magere Nährstoffangebot des Moores durch Fangen und Verdauen von Insekten aufbessert, gedeihen nur dort. Raritäten wie Arnika, Feuerlilie und Orchideen wachsen in der bunten Blütenfülle der Bergwiesen, die in der Zeit des Bergbaus als Weiden für die Kühe und Ziegen der Bergleute, Holzfäller und Köhler dienten.

GEOLOGIE

Johann Wolfgang von Goethe nannte das Gebiet zwischen dem nördlichen Harzrand bei Goslar und den Tälern von Oker und Innerste bei Altenau und Clausthal-Zellerfeld die „klassische Quadratmeile der Geologie". Nur an wenigen Stellen Europas liegt so viel Erdgeschichte in solcher Vielfalt offen vor den Augen der Betrachter. Der Besuch von Bergwerken und das Sammeln seltener Mineralien gehörten zum Programm gebildeter Reisender, die sich im Harz vor 200 Jahren Aufschlüsse über den Ursprung der Erde erhofften. Geologische Lehrpfade gibt es u. a. bei Goslar, im Okertal, in und um Clausthal-Zellerfeld und St. Andreasberg sowie bei Wernigerode, Elbingerode und Wettelrode. *www.geopark-harz.de*

GOETHE

Seine beiden Harzreisen 1777 und 1783 waren dienstlich. Der erst 28 Jahre alte „Geheime Rat" und Minister für den weimarischen Bergbau besuchte Deutschlands damals bedeutendstes Bergbaugebiet und erforschte den Harz über sein Fachinteresse hinaus. Er sah sich Bergwerke an, studierte die Geologie im Okertal und am Rammelsberg. Am 10. Dez. 1777 bestieg er den Brocken und sammelte Eindrücke für die Darstellung der Walpurgisnacht im „Faust".

HEXEN

Sie fehlen an keiner Andenkenbude, und zu Walpurgis reiten sie auf ihren Reiserbesen vor den Gästen durch den Kurpark. Den Hexen wurde aus unterschiedlichen Quellen ein Umgang mit bösen Mächten nachgesagt: In Sagen und Mythen trafen sie sich auf dem Brocken und an anderen „Hexentanzplätzen" und machten dem Teufel ihre Aufwartung. Das Wissen der weisen Frauen des Mittelalters um Medizin, Kräuterkunde, Geburtshilfe und Abtreibung war der Kirche als „magische" Praktiken verdächtig. Die Frauen wurden der Ketzerei und des Pakts mit dem Teufel bezichtigt – und darauf stand die Feuerstrafe. Es war leicht, sie zu denunzieren, sie bei bei Seuchen und Missernten zu Sündenböcken zu machen. Sie wurden verfolgt und zu Tausenden gefoltert und verbrannt.

HÖHLEN

Die Karstgebiete des Dolomitkalks bei Rübeland, Elbingerode, Scharzfeld und Bad Grund und der Gipskarst im Südharz sind reich an Felslöchern und Höhlen. Sie entstanden, als eingelagerte Kalk- und Gipsmassen bei der Gebirgsfaltenbildung von unterirdischen Wasserläufen ausgespült wurden. Besonders spektakulär sind die Rübeländer Tropfsteinhöhlen. Die ca. 600 000 Jahre alte Baumannshöhle dort ist die älteste deutsche Besucherhöhle.

NATIONALPARK

Wenige Tage vor der Wiedervereinigung schuf die letzte DDR-Regierung den *Nationalpark Hochharz,* der mit 81 km^2 das Brockengebiet, das Ilse- und Eckertal umfasst. Die Hochmoore und die Bergfichtenwäl-

Rübeland: phantastische Tropfsteinkulisse in der Hermannshöhle

der an der Baumgrenze gehören zur Kernzone des Parks, in der keinerlei Nutzung stattfindet. 1994 wurde in Niedersachsen der 158 km² große *Nationalpark Oberharz* eingerichtet: Dazu gehören die obere Bergregion zwischen Torfhaus, Braunlage und St. Andreasberg, der Bergrücken des Ackers, das obere Siebertal und das Eckertal bis zum Harzrand. Anfang 2006 wurden beide Parks zum *Nationalpark Harz,* dem ersten länderübergreifenden Nationalpark in Deutschland, zusammengefasst. Im Park gelten strenge Regeln: Die Wege dürfen nicht verlassen werden. Es dürfen keinerlei Pflanzen, auch keine ungeschützten, mitgenommen werden. Nationalpark-Ranger sorgen für Ordnung und beraten Besucher.

NATUR

Unterschiede in Klima, Sonneneinstrahlung, Bodenverhältnissen und Höhenstufen, die Wechsel der Landschaft von tiefen Tälern mit Felshängen zu lieblichen Wiesentälern, von steilen Bergkuppen zu sanften Hügeln und weiten Hochflächen haben höchst unterschiedliche Lebensräume für Tiere und Pflanzen geschaffen. In gleichem Maß hat der Mensch das Antlitz der Natur und Landschaft geprägt. Urwüchsige Natur gibt es eigentlich nur noch auf kleinen Restflächen, die für den Menschen nicht erreichbar und nutzbar waren. Dazu zählen die Hochmoore, einige Schluchtwälder, Felswände und wenige offene Flächen.

SCHMALSPURBAHNEN

Nach dem Ende der DDR wurde den 132 km Schmalspurstrecken durch den Harz keine Chance mehr eingeräumt. Die *Harzquerbahn* von Wernigerode nach Nordhausen, die *Selketalbahn* und ihre Verbindungsstrecken sollten stillgelegt werden. Nur die *Brockenbahn* sollte als touristische Bergbahn mit modernen Dieseltriebwagen überleben. Doch der Einsatz der „Interessengemeinschaft Schmalspurbahn" und die richtige Nase von Lokalpolitikern im Ostharz hat die Bahn, die noch 1972 zum technischen Kulturdenkmal erklärt worden war, gerettet. Die Schmalspurbahnen sind heute im Besitz der Landkreise und Gemeinden, auf deren Gebiet ihre Schienen verlaufen.

Eine Fahrt mit den von schnaufenden und rauchenden Dampfloks gezogenen Schmalspurbahnen gehört zum Muss eines jeden Harzurlaubs. Wer auf den Brocken will, ohne zu laufen, für den bleibt ohnehin nur die Bahn als Alternative. Wer gemütlich, ohne Drängelei Bahn fahren und dabei die Harzlandschaft betrachten will, wählt besser eine Tour durch das Selketal oder eine Fahrt mit der Harzquerbahn. Es gibt auch preiswerte Kombitickets für mehrere Strecken/Tage *(www.hsb-wr.de)*.

WALD

Schon der erste Bergbau im Mittelalter hat die ursprünglichen Urwälder bis tief ins Gebirge hinein gelichtet. Der Bedarf an Holz war riesig: Brennholz und Holzkohle dienten zum Ausschmelzen der Erze. Hinzu kam später der Holzbedarf für technische Bauten, für Häuser der Bergarbeiter, für deren Heizung, fürs Bierbrauen und Brotbacken. Nach 200 intensiven Bergbaujahren war um 1700 der Oberharz weitgehend kahl. An die Stelle des ursprünglichen Laubwalds aus Buchen, Bergahorn, Eschen, Ebereschen und Birken in den unteren und mittleren Lagen traten Aufforstungen mit schnell wachsenden Fichten, die bis heute das Bild des Harzes bestimmen.

Die einstigen Ertragswälder sollen nicht nur im Nationalpark nach und nach wieder Natur werden, die nach ihren eigenen Gesetzen lebt. Forstliche Maßnahmen unterstützen in einer längeren Übergangsphase die Wiederverwilderung der Harzwälder: Die reinen Fichtenforste werden mit Laubbäumen gemischt, abgestorbene Bäume bleiben als Brut- und Nahrungsbäume für Insekten stehen, bis sie umstürzen, vermorschen und so zum Lebensraum für Moose, Pilze und Käferlarven werden.

WALPURGIS

Die Feiern in der Nacht zum 1. Mai haben ihre Wurzeln in den uralten

heidnischen Bräuchen der Germanen. Sie feierten die Hochzeit Wotans mit Freia, der Maienkönigin. Dabei handelte es sich um ein Opferfest, das an bestimmten heiligen Stätten wie Berggipfeln oder Quellen begangen wurde. Der Brocken zählte dazu: Der riesenhafte Berg, dessen Haupt so oft in dichten Wolken verborgen ist, war den Menschen früher unheimlich. Der Weg dorthin führte durch dunkle Wälder, vorbei an Klippen, deren Gestalt die Phantasie anregte. Vermischt mit Aberglauben entstanden so die Sagen von den Hexen, die in der Nacht des 30. April auf den Brocken flogen, wo sie dem obersten Teufel Urian ihre Aufwartung machten. Nach seiner Ansprache tanzten sie mit obszönen Gebärden den Schnee weg und machten so dem Frühling und seiner Fruchtbarkeit Platz. Die Besen waren als Fluginstrument nicht immer dabei, aber da sie beim Auskehren des Winters gebraucht wurden, wurden sie zum hervorstechendsten Attribut der Hexen. Beim ersten Hahnenschrei endete das Fest.

WASSER

Der Harz ist sehr regenreich, besonders westlich vom Brocken, auf dem mit 1800 mm Niederschlag im Jahr ein Rekordwert für Mitteleuropa erreicht wird. Weiter östlich liegen im Regenschatten des Oberharzes und des Brockens vergleichsweise trockene und warme Landstriche. Seit dem Mittelalter wurden Gräben und Teiche angelegt, um für die Wasserräder in den Pochwerken und Gruben das ganze Jahr genug Wasser zu haben. Das größte Teichsystem sind die 60 Teiche auf der Clausthaler Hochebene, und bis im 20. Jh. moderne Talsperren gebaut wurden, war der Oderteich der größte künstliche See im Harz. Heute sind fast alle großen Harzbäche durch Talsperren aufgestaut. *www.harzwasserwerke.de*

„Vorsicht an der Bahnsteigkante! Auf Gleis 1 fährt die Brockenbahn ein!"

VIEL MEHR ALS „NUR" WALPURGIS

Ritter und Köhler, Folklore, Pferderennen und Konzertwochen

> Die Harzer lassen ihre Gäste teilhaben an alten Brauchtumsfesten. Oder sie räumen Plätze und Straßen für allerlei moderne Stadtfeste. Und einmal im Jahr sind natürlich die Hexen los.

FESTE UND VERANSTALTUNGEN

Januar/Februar ▸▸ Internationale *Schlittenhunderennen* in Benneckenstein, Hasselfelde, Friedrichsbrunn, Clausthal-Zellerfeld und Tanne.

Ostern

Osterfeuer (Ostersamstag) auf vielen Höhen – der Harz steht in Flammen. Zusätzliche Veranstaltungen in den Erholungsorten (Tanz, Konzerte, Blasmusik).

30. April

Von Alexisbad bis Zorge wird ★ *Walpurgis* gefeiert. Die Nacht zum 1. Mai gehört den Hexen, die sich rauschenden Festen hingeben. Hunderttausende machen jedes Jahr mit. Grell geschminkte Hexen und Teufel, Umzüge, Spektakel, Feuerwerk. Hauptschauplätze: Schierke (nicht auf dem Brocken!), Hexentanzplatz Thale, Braunlage, Bad Grund, Hahnenklee, St. Andreasberg.

Pfingsten

Polsterbergtreffen: Am Polsterberg bei Altenau (Naturbühne) treten zahlreiche Brauchtumsgruppen auf.

Finkenmanöver in Benneckenstein und Hohegeiß: Bei Sonnenaufgang werden die Schläge (Gesänge) gezüchteter Buchfinken bewertet.

Questenfest in Questenberg: Rund um die Queste, einen geschmückten Eichenstamm, wird drei Tage gefeiert und Pfingstmontag früh die Sonne begrüßt.

Mai

Beim *Viehaustrieb* in Wildemann wird am Monatsende das Vieh mit viel Folklore für den Sommer auf die Bergweiden getrieben. Insider Tipp

In Quedlinburg wird Ende Mai der *Kaiserfrühling* gefeiert. Die Darsteller spielen in historischen Trachten die letzte

> EVENTS FESTE & MEHR

Reichsversammlung Ottos des Großen nach, die im Jahr 973 hier stattfand.

Juni

Monat der Feste: *Johannisfeste* in Bergbauorten, *Stadtfeste* in Goslar, Quedlinburg, Wernigerode; *Rosenfest* in Sangerhausen u. v. m. (bis in den Juli hinein).

Der *Harzer Heimattag* mit Auftritten von Folkloregruppen findet Mitte Juni im jährlichen Wechsel in Braunlage oder Bad Suderode statt.

Juli

Harzfest an einem jährlich wechselnden Ort im Ostharz: Größtes Brauchtumsfest mit über 50 Gruppen, Handwerks- und Verkaufsständen, vielen Vorführungen und Festumzug. www.harzinfo.de

Galopprennwoche in Bad Harzburg: viel beachtete Pferderennen.

„Wo der Pfeffer wächst" in Altenau: eine Woche lang Kräutermarkt und -wanderungen, gut gewürzte Küche und die „Hot Red Pepper Chili Night".

August

Köhlerfest in Braunlage: Wie ehedem wird ein Holzmeiler angezündet und so lange gefeiert (die ersten drei Wochenenden), bis die fertige Holzkohle verkauft werden kann.

Realistische *Ritterspiele* auf Burg Regenstein am ersten Wochenende. Insider Tipp

Konzertwochen und internationales Musikfest in Goslar: Klassik aus aller Welt.

September

Anfang September ▶▶ *Sehusa-Fest* in Seesen: größtes Ritterfest im Harz.

Jodlerwettstreit: Am ersten Sonntag Treffen der Jodler in Altenbrak.

Massenläufe zum Brocken: *Brockenlauf* in Ilsenburg, *Harzgebirgslauf* in Wernigerode. *Sternwanderung* des Harzklubs.

Nationalparktage in Ilsenburg und St. Andreasberg (Oktober).

Dezember

Viele *Weihnachtsmärkte*, heimelige Atmosphäre mit Lichterglanz und Nippes zwischen altem Fachwerk.

> WURSTVARIATIONEN, KRÄUTER UND FORELLEN

Die neue Harzer Küche wurzelt in der Tradition und verfeinert Deftiges

> Die Forellen kommen aus den klaren Harzbächen, aus den Wäldern Reh, Hirsch und Wildschwein, Pilze und Heidelbeeren. Viele Harzer Köche verwenden diese Zutaten aus der Umgebung und haben eine neue Küchentradition intensiver Geschmacks- und Duftnoten geschaffen. Und auch „gutbürgerlich“ kann verteufelt gut schmecken, wenn ein Koch mit Phantasie die schlichte Küche der Bergleute und der Ackerbürger durchforscht.

An den Festtagen holten die einfachen Leute Würste und Speck aus dem Rauch. Die Harzer Schmorwurst besteht aus fein gehacktem Schweinefleisch, das mit Speck und Kümmel abgeschmeckt, gebrüht und dann geräuchert wird. Sie und die fettere Brägenwurst sind die klassische Begleitung zum Braunkohl, wie die Harzer den Grünkohl nennen. Rot- und Leberwurst werden mit Pfeffer, Thymian und Majoran abge-

ESSEN & TRINKEN

schmeckt. Vom südlichen Harzrand und aus dem Eichsfeld, wo das Leben immer schon üppiger war, kommen feine harte Schweinemettwürste, die luftgetrockneten „Eichsfelder Feldkieker“ und Stracken, die wie Landschinken und Speck hauchdünn aufgeschnitten sein wollen, um ihr volles Aroma zu entfalten.

Im Südharz und im Kyffhäuser weiden Schafherden auf kräuterreichen Wiesen, deren Aroma den Lämmern Wohlgeschmack verleiht. Hammel wird traditionell mit viel Zwiebeln und Kümmel geschmort. Auch die einstige „Bergmannskuh“, die Ziege, ist mit Braten vom Zicklein und würzigem Zeigenkäse wieder im Kommen. Und auf den Bergwiesen im Oberharz und im Unterharz um Hasselfelde weidet wieder das Harzer Rotvieh, das nicht nur Schmorbraten und luftgetrocknetes Hobelfleisch liefert.

Gemüse und Kräuter gehörten immer zur Alltagskost. Wildkräuter wie Bärlauch (Ramseln), Brennnessel, Löwenzahn, Taubenkropf, Sauerampfer tauchen wieder in den Küchen auf. Gemüse kommt aus den fruchtbaren Niederungen am Harznordrand, Pilze wie Pfifferlinge, Hallimasch, Steinpilze, Maronen und Reizker aus den Wäldern. Kartoffeln gehören schon lange dazu: An der Alten Poststraße zwischen Braunlage und Tanne erinnert ein Gedenkstein an den Oberjägermeister Georg von Langen, der 1748 den Kartoffelanbau im Harz einführte.

> SPEZIALITÄTEN

Genießen Sie die typische Harzer Küche!

Bachforelle – frischer Fisch aus der regionalen Zucht wird gedünstet, gebraten oder geräuchert

Braunkohl mit Brägenwurst – Grünkohl wird mit Bauchfleisch vom Schwein gegart. Dazu gibt es Brägen- oder Schmorwurst und Salz- oder Bratkartoffeln (Foto)

Halberstädter Würstchen – passend für die kleine Mahlzeit in der Ferienwohnung. Die echten Halberstädter aus der Dose sind seit mehr als 100 Jahren ein Erfolgsrezept

Heidelbeeren – angerichtet mit Hefeklößen oder auch als Heidelbeersuppe mit Mehl- oder Grießklößchen

Karnickel – es wird einige Tage in Buttermilch eingelegt, dann als Braten mit Sauce zubereitet, dazu Klöße, grüne Bohnen mit Thymian und Waldpilze

Klöße, Birnen und Speck – ein Armeleute-Feiertagsgericht aus dem Rezeptbuch meiner Oberharzer Großmutter. Zu den Klößen aus gekochten Kartoffeln gibt es Birnenkompott, gebratene Speckstreifen und Zwiebelringe

Pflaumenmus – vollreife Hauspflaumen und grüne Walnüsse als Gewürz werden im Kessel ohne Zucker zu Mus verkocht, das dauert Stunden und erfordert pausenloses Rühren

Salzhering mit Pellkartoffeln – ein Genuss mit Schmand, Salzgurken, Zwiebel- und Apfelringen

Schlachteplatte – würzige Rot- und Leberwurst, Gehacktes und Sülze vom frisch geschlachteten Hausschwein. Dazu gehört ein Harzer Korn oder Kräuterlikör

Schmandkuchen – dieser Hefekuchen mit Zucker und saurer Sahne schmeckt ganz frisch vom Blech am besten

Wildspezialitäten – Rehrücken, Wildschwein, Hirschbraten mit Preiselbeeren und andere Wildgerichte sind angesagt in guter Harzer Küche

Das Lieblingsgetränk der Harzer war und ist das Bier. Für Nachschub sorgt vor allem die Hasseröder Brauerei in Wernigerode. Am Rand der Harzstadt ist in den vergangenen Jahren ein hochmodernes Brauhaus errichtet worden. Über 2 Mio. Hektoliter des Gerstensafts werden hier jährlich hergestellt und bundesweit verkauft. In Altenau und Sangerhausen existieren noch kleine Brauereien, die speziell für den regionalen Markt produzieren. Von den früher zahlreichen Ortsbrauereien sind jedoch nur wenige geblieben, die Spezialbiere brauen wie die obergärige Gose, Broyhan oder naturtrübes Bockbier. Das alkoholfreie Clausthaler gehört übrigens nicht dazu, es wird in Frankfurt abgefüllt. In der Museumsbrauerei in Wippra können Bierfreunde sehen, wie früher in den kleinen Brauereien gearbeitet wurde.

In Westerhausen bei Quedlinburg hat sich Deutschlands nördlichstes Weingut etabliert: Kirmann keltert jährlich rund 20 000 Flaschen. Apfelsaft aus dem Südharz und vom Kyffhäuser bekommen Sie nur vor Ort.

Im 19. Jh. haben Apotheker in den Bergnestern mit allerlei Kräutern experimentiert und eine Reihe erfolgreicher Kräuterliköre erfunden. Am bekanntesten wurde der „Schierker Feuerstein“. Auch im Harzvorland brennt und trinkt man Korn. Die „Lütjen Lagen“ und „Stein-Pils-Kuren“ (Korn, Steinhäger, Bier) strecken sogar Einheimische nieder.

Für den Imbiss stehen vielerorts Buden bereit, wo die Thüringer noch auf echter Glut brutzelt. Im Osten treffen Sie am Straßenrand auf Erbsensuppenkanonen der einstigen Nationalen Volksarmee, die jetzt erfolgreich in Privathand sind.

In einem Ambiente wie hier in Quedlinburg lässt es sich sicher vortrefflich tafeln

Übrigens: Die Bergleute nahmen früher einen Kanarienvogel mit in die Grube – als Frühwarnsystem vor drohender Luftknappheit oder Gasaustritt. Wurde es im Stollen stickig, hörte der Vogel auf zu singen. Er wurde wegen seines rollenden Gesangs auch „Harzer Roller“ genannt. Der gleichnamige Harzer Käse wird aus Magerquark zu kleinen Stangen gerollt und mit Salz und Kümmel gewürzt. Er enthält höchstens ein halbes Prozent Fett, dafür aber alles Eiweiß und alle Mineralien der Milch. Man isst den Harzer auf Graubrot mit Zwiebeln und Schmalz (das gleicht den niedrigen Fettgehalt wieder aus) zum Bier. Leider musste vor kurzem die letzte Käserei im Harz schließen. Die Produktion des Harzer Käses wird aus Kostengründen weit nach Osten verlagert …

VIELE SOUVENIRS SIND „TYPISCH HARZ

Immer mehr lokale Kunsthandwerker schaffen schöne Handarbeiten – jenseits der Hexenpüppchen

> Andenkenläden und Kioske sind vollgestopft mit Kitsch und Geschmacklosigkeiten, die nur selten aus dem Harz kommen. Die meisten Hexenpuppen stammen aus China und Taiwan. Aber es gibt auch einheimische Hexen ohne Plastikanteil. In den Oberharzer Bergstädten arbeiten Holzschnitzer, und es werden wieder Spitzen geklöppelt. Die *Shops der Nationalparkhäuser* zeigen und verkaufen Kunsthandwerk, Schmuck und Textilien, die in der Region aus Naturmaterialien hergestellt werden.

Übrigens: Alles, was das Prädikat „Typisch Harz" trägt – ob Wurst oder Likör, Schmuck, Keramik oder Glas –, kommt auch aus dem Harz. *www.harzer-foerderkreis.de*

AUS DEM BERGBAU

Zinnfiguren stellen Harzer Bergbaugeschichte dar. Sie gibt es in besonders großer Auswahl im Goslarer *Zinnfigurenmuseum* und im *Herzberger Schloss* zu kaufen. Gedrechselter Weihnachtsschmuck, Nussknacker, Pyramidenleuchter und Holzfiguren erinnern daran, dass die Harzer Bergleute ursprünglich aus dem Erzgebirge kamen. In Bergwerksmuseen und Mineralienläden bekommt man neben Harzer Mineralien Stücke aus allen Teilen der Welt, wobei die Herkunft korrekt angegeben wird. Dort gibt es auch Repliken von historischen Silbermünzen aus der Bergbauzeit.

KUNSTHANDWERK

Eine schön dargebotene und vielseitige Auswahl an Kunsthandwerk bieten in Goslar das mittelalterliche Spital *Großes Heiliges Kreuz (Hoher Weg 7)*, in Wernigerode der Handwerkerhof *Remise (Marktstr. 1)*, in Quedlinburg der *Wipertihof (Wipertistr. 1a)* und in Clausthal-Zellerfeld der Kunsthandwerkerhof *Alte Zellerfelder Münze (Bornhardstr. 11)*.

Eine gute Auswahl findet sich auch auf den Verkaufsausstellungen einheimischer Kunsthandwerker und Künstler anlässlich von Nationalparktagen (zum Beispiel im Oktober in St. Andreasberg in der *Rathausscheune*), bei Ortsfesten und

> EINKAUFEN

natürlich auf den verschiedenen Weihnachtsmärkten.

Spannend auch für Kinder sind die Führungen in der *Glasmanufaktur Harzkristall (Mo–Fr 9–18, Sa/So 10–17 Uhr)* am Ortsrand von Derenburg, zwischen Blankenburg und Wernigerode. Einmalig ist die *Harzer Uhrenfabrik* in Gernrode – sie ist die einzige Kuckucksuhrenfabrik nördlich des Schwarzwalds.

LEBENSMITTEL

Die Fernsehtruppen von NDR und MDR haben die Fleischer im Harz entdeckt. Sie ziehen regelmäßig durch Harzer Schlachtereien, berichten über solide gemachte Mettwürste und Sülzen, deren Rezepte seit Generationen vererbt werden. Und über Neues, wie den Einsatz von *Ramseln,* wie die Oberharzer den Bärlauch nennen. Ein Fleischermeister aus St. Andreasberg hat hier eine Lawine losgetreten.

Kukkis Erbsensuppe hat inzwischen Kultstatus. Sie gibt es an den beiden Feldküchen zwischen Braunlage und Elend und in Drei Annen. Oder man ordert sie in der Dose: *www.kukki.de/insider/*

Ein Teil der Äpfel, Birnen, Kirschen und Zwetschgen von den Streuobstwiesen am Harzrand im Norden und Süden sowie am Kyffhäuser wird zu Saft und zu edlen Obstbränden verarbeitet. *www.kirschtilla.de, www.destilia-q.de*

Die Kuh der armen Leute ist wiederentdeckt: Ziegenkäse ist hochbegehrt, aromatisch, ohne scharf zu stinken, cholesterinfrei. Es gibt ihn in *Sophienhof* bei Rothesütte und *Buntenbock* bei Clausthal-Zellerfeld. Und auf den Harzer Bauernmärkten in Wernigerode, Osterode und Clausthal-Zellerfeld.

Pilze, Heidelbeeren, Bärlauch sind Geschenke der Natur und beliebte Mitbringsel aus dem Harz. Doch Besucher stehen hier meist in direkter Konkurrenz mit den Einheimischen, die oft alles tun, damit man ihre Stellen nicht entdeckt. In Teilen des Nationalparks und in Naturschutzgebieten darf nicht gesammelt werden, weil hier das Verlassen der Wege verboten ist.

> SCHÖNSTE RANDERSCHEINUNGEN

In der alten Kulturlandschaft am Nordrand des Harzes sind viele touristische Highlights versammelt

> Am Nordrand ist die Grenze zwischen Ebene und Harzgebirge deutlich. Die Berge steigen steil aus der Norddeutschen Tiefebene und dem sanft gewellten Hügelland an, beherrscht vom Brocken, der alle Nachbarberge deutlich überragt.

Hier reiht sich an den Talausgängen eine Stadt an die andere: Goslar, Bad Harzburg, Ilsenburg, Wernigerode, Blankenburg, Halberstadt, Quedlinburg, Thale, Ballenstedt. Burgen und Schlösser stehen auf den Höhen. Zeugnisse der Geschichte erinnern an Kaiser, Könige, Dichter und Maler. Die Dörfer sind Idyllen mit Dorfbach, Bauerngärten mit Blumen, Dill, Kartoffeln, Rosen und Obstbäumen hinter den Lattenzäunen.

BAD HARZBURG

[113 F4–5] Der heilklimatische Kurort (23 200 Ew.) verdankt seine Anziehungskraft der geschützten Lage am Nordrand

Bild: Schloss Wernigerode

DER NORDHARZ

und sieben Heilquellen. Zu den im Harz einzigartigen Einrichtungen gehören eine Natur-Sole-Therme mit eigener Schwefel-Sole-Quelle, die historische Wandelhalle im Badepark mit Heilbrunnen-Ausschank und die Spielbank. Früher traf sich hier das vornehmste Publikum im Harz. Der Kaiser genoss die Sommerfrische, über direkte Zugverbindungen kamen Berliner Gäste in das Bad. Viele Villen und alte Hotelbauten mit den für den Kurbetrieb typischen vorgebauten Holzbalkonen erinnern an diese Zeit. Die Galopprennwochen sorgen im Sommer für buntes Treiben im Ort.

SEHENSWERTES

BURGBERG

In drei Minuten fährt die Großkabinenseilbahn vom Kurpark aus auf den 484 m hohen Burgberg mit den Ruinen der ehemaligen Harzburg und dem Ausflugslokal *Burgberg-café*. Lohnend sind Wanderungen auf der Höhe über dem Eckertal durch hochstämmige Buchenwälder zu den ★ *Rabenklippen* mit einem Luchsgehege und einer Waldgaststätte.

Stil eingerichtet und bietet eine eigene Karte für Wildspezialitäten. *88 Zi. | Herzog-Wilhelm-Str. 54 | Tel. 05322/78 80 | Fax 78 84 99 | www.hotel-braunschweiger-hof.de | Restaurant €€–€€€ | Hotel €€€*

555 m ragt die Felsgruppe der Rabenklippen über das Eckertal

HAUS DER NATUR

Der Nationalpark zeigt hier eine sehr informative interaktive Wald- und Naturschau von A wie Auerhuhn bis Z wie Zecke. *Im Kurpark | Di–So 10–17 Uhr*

ESSEN & TRINKEN ÜBERNACHTEN

RINGHOTEL BRAUNSCHWEIGER HOF

Das zentral gelegene Hotel mit einem Nobelrestaurant ist im Harzer

TANNENHOF UND WINTERBERG

Die Fachwerkbauten mit Veranden und Türmchen stehen nebeneinander im Kurpark. Wellness, Restaurant mit Fisch- und Wildküche. *28 Zi. | Nordhäuserstr. 6–8 | Tel. 05322/968 80 | Fax 96 88 99 | www.solehotels.de | €€*

KAFFEEHAUS WINUWUK Insider Tipp

Am Waldrand oberhalb des Golfplatzes wurde es 1922 von Worpsweder Künstlern märchenhaft-phantasievoll gebaut. Warme Küche, hausgemachte Torten und eine Kunstausstellung. *Mo geschl. | Waldstr. 9 | Tel. 05322/14 59 | www.winuwuk.de* | €€

FREIZEIT & SPORT

Die *Sole-Therme* verwöhnt drinnen mit 33 Grad, draußen mit 28 Grad warmem Wasser *(im Kurpark | Mo–Fr 8–21, Sa/So 8–19 Uhr)*. Im *Golfclub Bad Harzburg* können Sie 18 Löcher spielen *(Tel. 05322/67 37 | www.golfclubharz.de)*.

AM ABEND

SPIELBANK

Roulette, Black Jack und einarmige Banditen warten auf Ihr Geld. *Roulettesaal 15–1 Uhr | Automatensaal 12–2 Uhr | Hotel Vier Jahreszeiten | Herzog-Julius-Str. 64 b (Badepark)*

AUSKUNFT

TOURISTENINFORMATION

Nordhäuser Str. 4 | 38667 Bad Harzburg | Tel. 05322/753 30 | Fax 753 29 | www.bad-harzburg.de

BALLENSTEDT

[120 C2] **Die geräumige, ländliche Altstadt von Ballenstedt (9400 Ew.) mit ihren krummen Gassen und Gärten ist von einer Stadtmauer umschlossen.** Sehenswerte Häuser finden Sie in den Straßen Badstuben, Graben und in der Burgstraße. Eine 1250 m lange Allee führt zum barocken Schloss, das auf den letzten sanften Ausläufern des Unterharzes steht.

SEHENSWERTES

SCHLOSS

Es war der Stammsitz der Grafen von Askanien (Aschersleben), die um 1150 mit Albrecht dem Bären Berlin gründeten und die slawischen Siedlungsgebiete östlich von Elbe und Saale als Mark Brandenburg mit deutschen Siedlern kolonisierten. Von 1765 an wurde das Schloss zum Repräsentationsbau der Fürsten von Anhalt umgestaltet. Die *Gärten* wurden 1858–62 mit Teichen, Wasserläufen und hohen Bäumen nach Plä-

MARCO POLO HIGHLIGHTS

★ **Goslar**
Kaiserpfalz und Altstadt sind Unesco-Welterbe (Seite 37)

★ **Bodetal**
Dramatischer Flusslauf zwischen hohen Felsen (Seite 47)

★ **Halberstadt**
Gotischer Dom und Domschatz (Seite 40)

★ **Stiftskirche St. Cyriakus**
Byzantinische Kunst im Stift der klugen Frauen in Gernrode (Seite 46)

★ **Burg Falkenstein**
Eine Burg wie im Märchenfilm (Seite 34)

★ **Quedlinburg**
Unesco-Welterbe: Stiftskirche und Fachwerkhäuser (Seite 43)

★ **Schloss Wernigerode**
40 Räume im Stil des Historizismus (Seite 48)

★ **Teufelsmauer**
Schaurig schön verwitterte Sandsteinfelsen (Seite 37 u. 46)

nen von Peter Josef Lenné, dem Gartenarchitekten der Potsdamer und Berliner Parks, mit der „Wasserachse" angelegt. Der mächtige *Turmbau* mit Albrechts Grab stammt noch vom romanischen Benediktinerkloster, das bis zur Zerstörung 1525 im Bauernkrieg an der Stelle des heutigen Schlosses stand.

6 km östlich finden Sie in *Meisdorf* am *Parkhotel* einen 18-Loch-Golfplatz *(Tel. 034743/984 50 | www.golfclub-schloss-meisdorf.de)*.

ESSEN & TRINKEN ÜBERNACHTEN

SCHLOSSHOTEL BALLENSTEDT

Direkt am Parkeingang komplett neu aufgebaute Fürstenpracht. Mit Wellness und Restaurant. *50 Zi. | Tel. 039483/510 | Fax 512 22 | www.vandervalk.de* | €€€

AUSKUNFT

TOURISTENINFORMATION

Anhaltiner Platz 11 | 06493 Ballenstedt | Tel. 039483/263 | Fax 971 10 | www.ballenstedt-information.de

ZIELE IN DER UMGEBUNG

BURG FALKENSTEIN ★ **[120 C3]**

Auf einem Sporn über dem Selketal, 9 km vor Ballenstedt, steht der Falkenstein. Keine andere Burg im Harz ist so gut erhalten. 1120 datiert der Baubeginn durch die Konradsburger Grafen. Um 1230 schrieb hier Eike von Repgow den „Sachsenspiegel", die älteste Sammlung deutschen Rechts. Nach 1600 wurde die Burg umgebaut, im 18. Jh. zogen die Herren ins Meisdorfer Schloss um, und im 19. Jh. erfolgte der Umbau zum Jagdschloss. Besucher müssen durch sieben Tore gehen, bevor sie den Innenhof der Kernburg betreten, wo die historischen Räume und das *Jagdmuseum* untergebracht sind. *April–Okt. Di–So 10–18 Uhr | Nov.–März 10–16.30 Uhr | www.burg-falkenstein.de*

Die Laubwälder am Hang unter der Burg und das Flusstal gehören zu den artenreichsten Biotopen im Harz, sie sind Naturschutzgebiet, werden jedoch durch das Projekt eines Stausees bedroht, der bis zur Selkemühle reichen soll. *www.rettet-das-selketal.de*

KONRADSBURG **[121 D2]** Insider Tipp

Die Ruine der Konradsburg liegt 10 km östlich von Ballenstedt. Chor und Querschiff der Kirche und die fünfschiffige Krypta mit fein gearbeiteten Säulen und Kapitellen können geführt besichtigt werden. Die romanische Klosterkirche wurde später zum Gutshof umgebaut. Im Hof steht das Brunnenhaus über dem

Eine der am besten erhaltenen mittelalterlichen Burgen Deutschlands: Burg Falkenstein

45 m tiefen Brunnen mit einem Tretrad für Mensch und Esel, die „Schwarze Küche" ist eindrucksvolle Alltagsgeschichte. *Tgl. 10–17 Uhr | Essen wie im Mittelalter 18 Euro (Getränke inkl.) nach Anmeldung: Tel. 034743/925 65 | www.konradsburg.com*

Im 10 km entfernten Harkerode steht der *Arnstein,* eine eindrucksvolle Burgruine mit mächtigen, mehrstöckig begehbaren Mauern.

BLANKENBURG

[115 D–E4] **Die Altstadt mit ihren schwarz-weißen Fachwerkhäusern, der gotischen Bartholomäuskirche und dem Rathaus aus dem 15. Jh. wird vom Großen Schloss auf dem Berg beherrscht.** Die Nähe der Stadt (17 500 Ew.) zu vielen Sehenswürdigkeiten, das milde Klima, das *Teufelsbad* mit Moorkuren, Schloss und Park zogen seit 1870 vermögende Pensionäre an, die sich hier ihre Villen bauen ließen.

SEHENSWERTES

GROSSES SCHLOSS

Das mächtige Renaissanceschloss über dem Ort wurde 1705–31 barock umgebaut und diente den Braunschweiger Herzögen als Residenz ihrer Besitzungen im Harz; es ist nur von außen zu besichtigen.

HERBERGSMUSEUM

Insider Tipp

Die ehemalige Gesellenherberge (1864–1916) ist originalgetreu eingerichtet und zeigt Dokumente zur Wanderschaft der Handwerksgesellen. *Bergstr. 15 | Mo–Do 10–17, Fr 11–17 Uhr*

SCHLOSSGÄRTEN

Der Schlosspark reicht als Landschaftsgarten mit Arboretum und Teichen bis an die Harzwälder heran. Darunter erstreckt sich der barocke Terrassengarten mit sorgsam gestutzten Büschen und Bäumen, Brunnen, der Neptunsgrotte und dem *Kleinen Schloss* (1725).

BLANKENBURG

ESSEN & TRINKEN ÜBERNACHTEN

VIKTORIA LUISE

Die stilvoll restaurierte Villa von 1893 mit Blick auf Harz und Schloss bietet große, moderne Zimmer, dazu Sauna, Café, Restaurant, Terrasse. *15 Zi. | Hasselfelder Str. 8 | Tel. 03944/911 70 | Fax 91 17 17 | www.viktoria-luise.de | €€€*

AUSKUNFT

TOURISTEN- UND KURINFORMATION

Markt 3 | 38889 Blankenburg | Tel. 03944/28 98 | Fax 631 02 | www.blankenburg.de

ZIELE IN DER UMGEBUNG

KLOSTER MICHAELSTEIN [115 D4]

Das ehemalige Zisterzienserkloster vor den Toren Blankenburgs ist Musikakademie. Die Kirche wurde 1533 zerstört, erhalten geblieben sind Teile der romanischen Klausurgebäude und der gotische Kreuzgang. Insider Tipp Barockkonzerte, Klassik und Jazz werden im Refektorium aufgeführt, in den Festräumen des Jagdschlosses ist das *Musikinstrumentenmuseum* untergebracht. Der Klostergarten mit traditionellen Gemüse-, Würz- und Heilpflanzen wurde nach mittelalterlichen Vorbildern angelegt. Anfang Juli Klosterfest mit Kunstausstellungen und Konzerten. *April–Okt. Di bis So 10–18 Uhr | Nov.–März Di–Sa 14–17 Uhr | So 10–17 Uhr | auch Führungen | Tel. 03944/903 00 | www.kloster-michaelstein.de*

BURG REGENSTEIN [115 D4]

Auf dem markanten Felsklotz im Norden Blankenburgs stehen Reste mächtiger Mauern und Türme sowie 32 aus dem weichen Sandstein herausgearbeitete Felsräume. Darunter befinden sich die Burgkapelle, eine Zisterne, Gräben und ein 197 m tiefer Brunnen. Im 11. Jh. gegründet, wurde die Festung 1758 zerstört. *April–Okt. tgl. 10–18 Uhr | Nov. bis März Mi–So 14–16 Uhr*

Teil einer bizarren Felsbastion: Die jahrmillionenalte Teufelsmauer steht unter Naturschutz

TEUFELSMAUER ★ [115 E4]

Felswände und Bastionen ziehen sich als 3 km lange Kette von Blankenburgs Stadtrand bis nach Timmenrode. Die Felsen längs des Kammwegs überragen die Baumwipfel des Bergzugs und können zum Teil mit Eisenstiegen erklommen werden. Die Sandsteinformationen sind mehr als 80 Mio. Jahre alt und bizarr verwittert. Verkrüppelte Eichen und Kiefern klammern sich mit ihren Wurzeln an Ritzen und Löchern im Fels fest.

GOSLAR

KARTE IN DER HINTEREN UMSCHLAGKLAPPE

[113 D4] ★ **Die mittelalterliche Kaiserstadt (46 000 Ew.) und die Bergwerke im Rammelsberg haben über 1000 Jahre gemeinsame Geschichte.** Schon kurz nach der Entdeckung des Silbers 968 verlegte Kaiser Heinrich II. um 1010 die Kaiserpfalz von Werla nach Goslar und machte sie zu seinem Lieblingssitz. Mit ihren Fachwerkhäusern, den romanischen Kirchen, Befestigungsanlagen, der Kaiserpfalz und dem Rammelsberg steht Goslar auf der Liste des Unesco-Welterbes.

In jeder Straße, in jedem Winkel gibt es etwas zu sehen, allein die etwa tausend gut erhaltenen, gepflegten Fachwerkhäuser. Die *Abzucht* fließt wie im Mittelalter offen durch die Stadt – damals diente sie als Abwasserkanal. Der Weg am Bach entlang ist ein Stück beschauliches, wenig bekanntes Goslar mit kleinen Gärten zwischen den Häusern. Die *Lohmühle* mit erhaltenem Wasserrad ist die letzte von 27 Mühlen in der Stadt. Zeitgenössische Kunst steht auf Straßen und Plätzen, z. B. die beiden „Dicken“ von Fernando Botero.

Insider Tipp

Insider Tipp

Geführte Stadtrundgänge dauern 1,5–2,5 Stunden (Auskunft in der Touristinformation). Die Öffnungszeiten der Kirchen sind sehr unterschiedlich, zwischen November und März sind einige geschlossen.

SEHENSWERTES

ACHTERMANN

Am Ende der Rosentorstraße stehen sich der Achtermann – ein Rest der alten Mauer und eines Torturms – und die hochromanische *Neuwerkkirche* (1186) gegenüber. Die dreischiffige Pfeilerbasilika ist ein Hauptwerk norddeutscher Romanik.

ALTSTADT

Ecke Marktstraße/Bergstraße stehen die beiden wohl prächtigsten Häuser der Stadt, das *Brusttuch,* ein Patrizierhaus (heute Hotel) von 1526 mit bunten Schnitzreliefs, die Figuren

Hoch zu Ross: Friedrich I. „Barbarossa" vor der Kaiserpfalz in Goslar

aus der Sagenwelt und dem Alltag des einfachen Volks darstellen, darunter die „Butterhanne", die kokett Schenkel zeigt, und das *Bäckergildehaus* daneben, dessen Erker (1557) ebenfalls prachtvoll geschnitzt ist. An der Bergstraße stehen prächtige Ackerbürgerhäuser, das *Siemenshaus* von 1697 (das Stammhaus der Industriellenfamilie), ein Renaissancebau mit Sonnenrosetten und Spruchbalken, kann besichtigt werden *(Di u. Do 10–12 Uhr)*.

DOM

Vom romanischen Dom des 12. Jhs. ist nur die Vorhalle mit eindrucksvollen Stuckreliefs erhalten. In der Halle steht der fast 1000 Jahre alte „Kaiserstuhl". Der *Hohe Weg* verbindet die kaiserliche Residenz mit der Stadt der Bürger.

GOSLARER MUSEUM

Das Mittelalter, die Wirtschaftsgeschichte der Stadt sowie die Geologie des Harzes sind die Schwerpunkte. *Di–So 10–17 Uhr | Nov. bis März 10–16 Uhr | Königstr. 1*

KAISERPFALZ

Die Kaiserpfalz hat trotz starker Umbauten im 19. Jh. ihre romanische Grundgestalt aus dem 11. und 12. Jh. bewahrt. 23 Reichstage fanden hier statt, der letzte unter dem Stauferkaiser Friedrich II. im 13. Jh. Schließlich wurde sie zur Getreidescheune, 1865 dachte die Stadt sogar an Abbruch. Die *Ulrichskapelle* mit dem Grab Kaiser Heinrichs III. gehört zu den original erhaltenen Teilen. Die heroischen Wandgemälde des Historienmalers Herman Wislicenus im *Kaisersaal* (1879–97) zeigen die Sternstunden deutscher Geschichte im Mittelalter und die wilhelminische Reichsgründung, aber auch Szenen aus „Dornröschen" sind hier dargestellt. *Führungen tgl. 10–17 Uhr | Nov.–März 10–16 Uhr*

MARKTKIRCHE

Die Kirche von 1150 (im 15. Jh. erweitert) ist eine romanische Pfeilerbasilika. Die Glasmalereien von 1250 im Chor gehören zu den ältesten in Deutschland.

MARKTPLATZ

In der Mitte des strahlenförmig gepflasterten Markts steht der 800 Jahre alte Brunnen mit goldenem Reichsadler. Auf dem Platz und unter den Laubengängen des Rathauses wurde gehandelt. Die in die Mauer eingelassene Elle sorgte für eindeutige Maße. Davor steht der Pranger, eine Holzsäule, an der Missetäter angekettet wurden. Im *Huldigungssaal des Rathauses* tagte der Goslarer Rat; seine einzigartige Ausstattung mit Schnitzarbeiten und Malereien ist um 1500 entstanden *(April–Okt. Mo–Fr 11–15, Sa/So 11–16 Uhr)*. Gegenüber steht die ehemalige Kämmerei mit dem *Glockenspiel (9, 12, 15, 18 Uhr)* von 1968, dessen Figuren die Geschichte des Harzbergbaus darstellen.

Insider Tipp

MÖNCHEHAUS, MUSEUM FÜR MODERNE KUNST

Die Stadt Goslar verleiht jedes Jahr den Kaiserring, einen Kunstpreis von internationalem Rang, der bisher u. a. an Henry Moore, Joseph Beuys und Günther Uecker ging. Deren Werke sind in der Altstadt anzutreffen und in diesem Museum, das in einem Ackerbürgerhaus von 1528 residiert. Wechselnde Ausstellungen junger Künstler; Skulpturengarten. *Di–Sa 10–17, So 10–13 Uhr | Mönchestr. 3*

MUSEUM IM ZWINGER

Mittelalterliche Waffen, Rüstungen und Foltergeräte. *Tgl. 10–17 Uhr | Nov.–März geschl. | Thomasstr. 2*

ZINNFIGURENMUSEUM

In einem historischen Wirtshaus von 1670 untergebracht, im Hof geschnitzte Fabelwesen, drinnen Bergbau und Goslarer Geschichte in Zinnfigurendioramen. Mit Verkaufsausstellung. *Tgl. 10–17 Uhr | Münzstr. 11*

ESSEN & TRINKEN ÜBERNACHTEN

DER ACHTERMANN

Modern ausgestattetes Spitzenhotel und Tagungszentrum. Hallenbad, 5 Saunen. *152 Zi. | Rosentorstr. 20 | Tel. 05321/700 00 | Fax 700 09 99 | www.der-achtermann.de* | €€€

DIE BUTTERHANNE

Im historischen Wirtshaus gibt es Harzer Spezialitäten, selbst gebrautes Gosebier und vieles mehr. *Tgl. | Marktkirchhof 3 | Tel. 05321/228 86 | www.butterhanne.de* | €€

FRAUENPENSION ARLETA

Gartenhaus am Wald, 10 Minuten Fußweg ins Zentrum. Klavier, Lesezimmer. *8 Zi. für Frauen | Am Nordberg 7 | Tel./Fax 05321/253 23 | www.frauenpension-arleta.de* | €€

KAISERWORTH

Restaurant mit internationalem Flair und Harzer Spezialitäten. Im Som-

>LOW BUDGET

- Die *Altstadtpension Ratsmühle* in Halberstadt ist ein Fachwerkhaus mit 12 modernen Zimmern. *Hoher Weg 1 | Tel. 03941/57 37 90 | Fax 573 79 13*
- Der *Concordia-See* östlich von Quedlinburg, ein ehemaliger Braunkohletagebau, hat mittlerweile 400 ha Wasseroberfläche. Der Zugang zu Badestrand und Spielplätzen ist frei.
- In Thale können sich Kinder und Jugendliche im *Spielhaus des Funparks*, der zwischen den Talstationen von Seilbahn und Sessellift liegt, gratis austoben.
- Die *Pension Deter* befindet sich in einer Villa im Wernigeroder Ortsteil Hasserode, mit Café (Mo/Di geschl.) und Garten. *13 Zi. | Amtsfeldstr. 36a | Tel./Fax 03943/60 49 31*

mer stehen Tische draußen. *Tgl., 66 Zi. | Markt 3 | Tel. 05321/70 90 | Fax 70 93 45 | www.kaiserworth.de | Restaurant €€€ | Hotel €€–€€€*

GÄSTEHAUS MÖLLER

Ruhig gelegene Villa von 1900 oberhalb der Altstadt, Parkplätze, Gästeküche. *16 Zi. | Schieferweg 6 | Tel. 05321/230 98 | Fax 31 74 62 | €*

AUSKUNFT

GOSLAR MARKETING

Markt 7 | 38640 Goslar | Tel. 05321/780 60 | Fax 78 06 44 | www.goslar.de

ZIELE IN DER UMGEBUNG

RAMMELSBERG **[113 D4]**

Das Besucherbergwerk und Bergbaumuseum ist mehr als ein Technikmuseum. Beim Gang durch die dunklen, nassen Gänge vermitteln tropfendes Wasser, rutschige Wege und die klamme Nässe der Luft hautnah die Arbeitsbedingungen der Bergleute. Das flackernde Licht des „Froschs", der Öllampe der Bergarbeiter, weist den Weg. Für kurze Zeit wird sogar vollkommene Dunkelheit hergestellt. Grubenbahnen und Werkzeuge aus Jahrhunderten zeigen den Wandel der Arbeitswelt. Führungen zu Fuß können Sie mit der Grubenbahnfahrt kombinieren. *Tgl. 9–18 Uhr | von Goslars Innenstadt 20 Min. zu Fuß | Bus 803 | www.rammelsberg.de*

Von der Terrasse der Ausflugsgaststätte *Maltermeistersturm* genießt man den schönsten Blick auf Goslar und den Vorharz *(tgl. | €€)*.

SEESEN **[112 B4]**

Die Stadt (22 000 Ew.) breitet sich 22 km westlich von Goslar vor dem Harz mit rechtwinklig angelegten Straßen aus, an denen malerische Bürgerhäuser mit bunten Schmuckgiebeln und schlichtem, ländlichem Fachwerk stehen. Die *Barockkirche* dient als Konzertsaal, in dem auch weltberühmte Orchester auftreten. Der in Seesen geborene Heinrich Steinweg, später Henry Steinway, baute hier 1836 sein erstes Klavier.

In den 1. Stock des historischen Braut- und Hochzeitshauses ist der neue, im alten Stil gehaltene *Ratskeller (tgl. | Wilhelmsplatz 5 | Tel. 05381/55 66 | €)* eingezogen. Auskunft: *Marktstr. 1 | 38723 Seesen | Tel. 05381/752 43 | Fax 752 61 | www.seesen.de.*

WÖLTINGERODE **[113 E3]**

Das ehemalige Kloster liegt am Fuß des Harly bei Vienenburg. Im Klostergut werden vorzügliche Schnäpse und Liköre gebrannt und lange gelagert. Verkauf mit Verkostung Mo–Fr 13–16.30 Uhr. *Klosterkrug* mit bodenständiger Küche *(Mo geschl. | Tel. 05324/20 46 | €). www.woeltingerode.de*

HALBERSTADT

[115 E–F2] ★ In Sichtweite des Harzes liegt die 1200 Jahre alte Bischofsstadt, deren Kirchtürme die Dächer hoch überragen. Halberstadt (43 000 Ew.) wurde im April 1945 von den Alliierten bombardiert, dabei verbrannte ein Großteil der Altstadt mit ihren Fachwerkhäusern. Domplatz und Kirchen wurden rasch restauriert, die Innenstadt dagegen wurde abgerissen und zur gesichtslosen Plattenbausiedlung. Mit der Wende begann der

Wiederaufbau. Halberstadt wurde zur Modellstadt für Stadtsanierung. Fachwerkhäuser wurden restauriert, Lücken mit moderner Architektur geschlossen.

SEHENSWERTES

ALTSTADT

Nach Norden fällt der Domhügel steil ab zur Altstadt, deren Baulücken, Hinterhöfe, Fachwerkhäuser und Neubauten eine faszinierende Werkstatt für Stadtentwicklung und private Initiative sind. Spazieren Sie durch *Grudenberg, Grauhof,* die *Bakenstraße* mit einem Abstecher ins einstige Judenviertel, von dessen Gebäuden bis auf die *Klaussynagoge* im Rosenwinkel (das ehemalige Rabbinerseminar) nicht mehr viel steht.

DOMPLATZ

Der *Dom St. Stephanus* (Baubeginn um 1230) ist die älteste rein gotische Kirche Deutschlands. Bis zum Abschluss der Bauarbeiten 1491 wurde Stück für Stück der alte romanische Dom abgebrochen und durch die neue Kirche ersetzt. Beim Eintritt durch das noch romanisch geprägte Portal beeindrucken die Höhe des Mittelschiffs und der Säulenbündel, die das Dachgewölbe tragen (Chor, Lettner und Kreuzgang kann man nur beim Besuch des Domschatzes besichtigen). Vor dem Dom mahnen die *Steine der Erinnerung* an die 1942 deportierten Juden der Stadt.

Den langen, baumbestandenen Domplatz flankieren die *Kurien,* einst Wohnsitze der Domherren. Am Westende des Platzes erhebt sich die romanische *Liebfrauenkirche*. Sie ist seit ihrer Fertigstellung 1146 nicht nennenswert verändert worden. Innen beeindruckt die Schlichtheit und Strenge der Pfeilerbasilika. Bemerkenswert sind die Chorschranken aus dem 12. Jh. mit fast lebensgroßen Figuren der Bibel. An die ehemaligen Klostergebäude schließt sich der mittelalterliche *Petershof* an, einst Bischofspalast.

Halberstädter Dom: Blick durchs Langhaus zum Chor der dreischiffigen Basilika

DOMSCHATZ

Die einmalige Sammlung, die zu den bedeutendsten ihrer Art in Europa

zählt, ist bis 2008 nur zum Teil ausgestellt: sakrale Teppiche und Altartücher, die bis zu 800 Jahre alt sind und immer noch ihre Farbigkeit bewahrt haben, byzantinische Kleinkunst, Handschriften, Buchmalereien, Tafelbilder, Skulpturen. *Di–So Führungen | genaue Zeiten unter Tel. 03941/242 37* | www.dom-und-domschatz.de

RATHAUSPLATZ

Vor dem *Rathaus,* einem Neubau aus dem Jahr 1998, der moderne Flächigkeit mit den Linien der gotischen Fassade vereint, steht der *Roland* (1433), Symbol für die Zugehörigkeit zur Hanse und für die Freiheit der Stadt von Landesherren. Die zweitürmige *Martinikirche* daneben war die Stadtkirche, innen ist sie eine flache gotische Halle mit einem figurenreichen Barockaltar. Vom *Turm (10–16 Uhr)* genießen Sie den Blick über die Stadt, zu den Spiegelsbergen und zum 12 km entfernten Harz.

ESSEN & TRINKEN ÜBERNACHTEN

ALT HALBERSTADT

Enge Traditionskneipe in der Voigtei. Im Angebot kleine Sattmacher, im Sommer Biergarten. Immer viel Betrieb. *Mo geschl. | Voigtei 17 | Tel. 03941/60 06 22* | €

AM GRUDENBERG

Liebevoll renoviertes Fachwerkhaus in der Altstadt mit ruhigem Innenhof. Frühstücksbuffet, kleine Speisen. Sauna, Solarium. Parkplätze im Hof. *21 Zi. | Grudenberg 10 | Tel. 03941/691 20 | Fax 69 12 69* | www.hotel-grudenberg.de | €€

SCHLOSSVILLA DERENBURG

Jugendstilvilla in großem Park mit hohen Bäumen und Teich. Gute kreative Küche. *15 Zi. | Schlossstr. 15 | Derenburg (12 km westlich) | Tel. 039453/67 80 | Fax 678 50* | www.schlossvilla.de | €€–€€€

AUSKUNFT

HALBERSTADT-INFORMATION

Hinter dem Rathause 6 | 38820 Halberstadt | Tel. 03941/55 18 15 | Fax 55 10 89 | www.halberstadt.de

ZIEL IN DER UMGEBUNG

LANGENSTEIN [115 E3]

Über dem kleinen Dorf, 10 km von Halberstadt entfernt, erheben sich steile Klippen, in deren weichen Sandstein Höhlen gegraben wurden, die noch bis 1916 bewohnt waren. Ein Wanderweg führt auf das Gipfelplateau mit Resten einer Burg. Von oben bietet sich ein großartiger Blick auf Harz und Brocken. Mitten im Dorf steht der nach baubiologischen

Sehenswertes Ensemble: der Marktplatz von Quedlinburg mit Rathaus und Marktkirche

Gesichtspunkten restaurierte, denkmalgeschützte *Schäferhof,* wo man an alten Handwerken teilnehmen kann, mit Café, Restaurant, Hofladen, Hausschlachtung, Kräutergarten, Lammspezialitäten. *6 Apt. u. 15 Zi. | Quedlinburgerstr. 28 | Tel. 03941/61 38 41 | Fax 61 46 86 | www.schaeferhof-langenstein.de* | €

QUEDLINBURG

KARTE IN DER HINTEREN UMSCHLAGKLAPPE

[120 B1] ★ **Die kleine Stadt mit 25 500 Ew. hat eine wechselvolle Geschichte hinter sich. Im Mittelalter wurde sie von Frauen regiert:** Die Äbtissinnen des 936 gegründeten Stifts, der über einen gewaltigen Landbesitz verfügte, bestimmten die Geschicke der Stadt. Nur Frauen aus höchstem Adel und Königshäusern wurden in dem Stift aufgenommen. Quedlinburg entwickelte sich zur wohlhabenden Handelsstadt. Altstadt und Stiftskirche gehören seit 1994 zum Unesco-Welterbe. Die 1200 denkmalgeschützten Fachwerkhäuser stammen meist aus der Zeit zwischen 1650 und 1700, als nach dem Dreißigjährigen Krieg die Ackerbürgerstadt wieder zur Blüte kam.

SEHENSWERTES

ALTSTADT

Ausgangspunkt für Rundgänge durch die Altstadt ist der *Markt* mit dem *Rathaus* und seinem prachtvollen Renaissanceportal, der *Rolandsstatue* aus Sandstein und schönen Bürgerhäusern. *Schuhhof* und *Hölle* (wegen der rußgeschwärzten Häuser ohne Schornstein) sind alte Handwerker- und Handelsgassen.

FACHWERKMUSEUM

Insider Tipp

In einem Ständerbau von 1310, dem wohl ältesten deutschen Fachwerkhaus, dokumentiert das Museum die Baugeschichte der Stadt. *Fr–Mi 11 bis 17 Uhr | Wordgasse 3*

QUEDLINBURG

Wuchtige Romanik: die Stiftskirche St. Servatius in Quedlinburg

KLOPSTOCKHAUS
Im Geburtshaus des Dichters Friedrich Gottlieb Klopstock, der die Literatur der deutschen Klassik vorbereitete, sind außerdem Leben und Werk zweier Zeitgenossen überliefert: Dorothea Christiana Erxleben war Deutschlands erste promovierte Ärztin und Johann Christoph Friedrich GutsMuths der erste Sportpädagoge. *Mi–So 10–17 Uhr | Schlossberg 12*

LYONEL-FEININGER-GALERIE
Die Grafiken, Aquarelle und Gemälde verschiedenster Künstler aus den Jahren 1906–37 wurden vor der Vernichtung als „entartete Kunst" durch die Nazis gerettet. *Di–So 10 bis 18 Uhr | Finkenherd 5a*

Insider Tipp **MÜNZENBERG**
Auf den Münzenberg gegenüber dem Schlossberg führen eine Treppe und eine steile Gasse. Hier stand bis 1525 ein Kloster, auf dessen Ruinen die Häuschen der Leute gebaut wurden, die man in der Stadt nicht haben wollte.

SCHLOSS UND STIFTSKIRCHE ST. SERVATIUS
Eine steile, grob gepflasterte Straße führt durch das wehrhafte Burgtor. Anstelle der mittelalterlichen Burg steht hier ein *Renaissanceschloss,* das ein Museum beherbergt. Die *Stiftskirche (Mai–Okt. Di–Sa 10–17.30, So 12–17.30 Uhr | Nov.–März 10–15.30 Uhr | April 10–16.30 Uhr)* ging aus der 922 gebauten Pfalzkapelle Heinrichs I. hervor und wurde 936 Damenstift. Innenraum, Friese und Kapitelle aus dem frühen 12. Jh. gehören zu den schönsten Werken der Romanik. Die *Krypta* ist ein Wald von Säulen, an den Wänden stehen die Grabplatten der Äbtissinnen, im Boden sind die Königsgräber

der Gründer eingelassen *(wegen Restaurierung bis Ende 2008 geschl.)*. Der *Domschatz* ist in den Querschiffen ausgestellt. Vom Schlossgarten sieht man die Altstadt mit den Stadttürmen, die den Verlauf der zum Teil erhaltenen Stadtmauer zeigen.

SCHLOSSMUSEUM

Hier sind vor- und frühgeschichtliche Funde ausgestellt sowie eine Sammlung zu Wohnkultur und Kleinkunst des 17. und 18. Jhs. *Tgl. 10–18 Uhr | Schlossberg*

ESSEN & TRINKEN ÜBERNACHTEN

Insider Tipp

BRAUHAUS LÜDDE

Vier Sorten Bier in der Brauereihalle und im Biergarten, dazu wird Deftiges serviert. Brauereiführungen. *Jan. bis März Mo geschl. | Blasiistr. 14 | Tel. 03946/70 52 06* | €

HOTEL AM BRÜHL

Edel ausgestattetes Hotel in einem historischen Fachwerkhaus mit Weinstube im ehemaligen Stall. Haute Cuisine mit gutbürgerlichem Hintergrund. *47 Zi. | Billungstr. 11 | Tel. 03946/961 80 | Fax 961 82 46 | www.hotelambruehl.de* | €€€

HOTEL-PENSION INGRID

Modernisierte Jugendstilvilla in einem großen Garten am Rand der Altstadt. *19 Zi. | Weberstr. 31 | Tel./Fax 03946/28 07* | €

SCHLOSSKRUG AM DOM

Gemütliche Fachwerkkneipe mit schiefen Wänden und tollem Blick vom Biergarten aus. Gutbürgerliche Küche. *Mo geschl. | Schlossberg 1 | Tel. 03946/28 38* | €–€€

ROMANTIKHOTEL THEOPHANO

Am Markt in uraltem Fachwerkhaus, Antiquitäten und Himmelbetten. Biergarten, Restaurant (So geschl). *22 Zi. | Markt 13/14 | Tel. 03946/963 00 | Fax 96 30 36 | www.hoteltheophano.de* | €€–€€€

AUSKUNFT

QUEDLINBURG-INFORMATION

Markt 2 | 06484 Quedlinburg | Tel. 03946/905 62 45 | www.quedlinburg.de

> BLOGS & PODCASTS

Gute Tagebücher und Files im Internet

> *www.harz.net* und *www.harz24.de/cgi-bin/yabb/YaBB.cgi* – Hier kommt Harzspezielles zur Sprache. Meist geht es dabei um Termine und Touren.

> *http://www.ard.de/home/podcast//id=365212/1jzcgs8/index.html* – Eine Übersicht der Lokalsender des NDR und des MDR, des Deutschlandradios und von MDR Figaro, bei denen man seit 2006 Reportagen, Features und Musiksendungen herunterladen kann. Man muss sich allerdings etwas durchkämpfen, damit man Sendungen zum Harz findet.

Für den Inhalt der Blogs & Podcasts übernimmt die MARCO POLO Redaktion keine Verantwortung.

ZIELE IN DER UMGEBUNG

GERNRODE [120 B2]

Die Kleinstadt (3700 Ew.) mit ihren krummen Gassen und flachen Häusern liegt auf den letzten Ausläufern des Harzes, 8 km südlich von Quedlinburg. Unten im Ort steht der Bahnhof der Selketalbahn, die seit 2006 auch nach Quedlinburg dampft, weiter oben die ★ *Stiftskirche St. Cyriakus*. Die 961 begonnene und um 1080 vollendete Kirche ist der bedeutendste Bau aus ottonischer Zeit in Deutschland, in dem sich Formen der Romanik mit byzantinischer Kunst verbinden. Das *Heilige Grab* bildet sein Vorbild in Jerusalem nach. Seine Außenwände sind mit Stuckfiguren verziert. Die Ausmalung der Apsis im byzantinischen Stil stammt aus dem 19. Jh. *April–Okt. tgl. 9–17 Uhr | Führung tgl. 15 Uhr*

Die *Gaststätte Bückemühle* liegt direkt an einem Bach: Forellen, Zander und Lachsforellen. Mit Räucherei und Gartenterrasse. *Dez.–März Mo geschl. | 9 Zi. u. 2 Apt. | Tel. 039485/419 | Fax 612 03 | www.bueckemuehle.de* | €

TEUFELSMAUER ★ [120 A1]

Zwischen Weddersleben und Neinstedt setzt sich die Teufelsmauer mit hohen Sandsteinzinnen fort, die hier auf einem mit Trockenrasen bewachsenen Hügelzug stehen. Vom Parkplatz geht ein Rundweg aus: 1,5 Stunden.

THALE

[115 E5] In Thale (15 000 Ew.) „ist der Teufel los". Nicht in der Stadt, die durch Bergbau und die Eisenhütte geprägt ist, sondern auf den Höhen über dem Taldurchbruch der Bode – auf der Rosstrappe und auf dem Hexentanzplatz. Zur Walpurgisnacht kommen Tausende Besucher, um das wilde Treiben zu genießen.

SEHENSWERTES

HEXENTANZPLATZ

Zum Hexentanzplatz führt eine Kabinenseilbahn (ganzjährig). Runter geht es mit einer Schienenbobbahn mit bis zu 40 km/h, die dann langsam wieder nach oben fährt *(9.30–18 Uhr)*. Oben gibt es einen *Zoo (tgl. 9 bis 18 Uhr | Nov.–April 10–16 Uhr)* mit heimischen und ehemals heimischen Wildtieren wie Bär und Wolf.

Schickes Kostüm, schreckliches Make-up: „Hexe" am Hexentanzplatz

1901 wurde die *Walpurgishalle (Mai–Okt. tgl. 9–17 Uhr)* mit Gemälden zu Szenen aus Goethes Faust und Schnitzarbeiten im altgermanischen Stil errichtet. Das *Harzer Bergtheater (www.harzer-bergtheater.de)*, dessen Naturbühne einen weiten Blick auf das Vorland bietet, zeigt von Mai bis September Theater- und Musikaufführungen.

ROSSTRAPPE

Der Blick von der Rosstrappe in das tief eingeschnittene Felsental ist einzigartig. Die Sage erklärt die übergroße, hufeisenförmige Vertiefung oben auf dem Felsen: Prinzessin Brunhilde war vor dem Ritter Bodo zu Pferd auf der Flucht. Das Ross setzte mit einem Riesensatz über die Schlucht, ihre Krone und der Verfolger stürzten in den wild schäumenden Fluss. Der Hufabdruck des sagenhaften Rosses war schon heidnische Kultstätte.

ESSEN & TRINKEN ÜBERNACHTEN

HOFFMANNS GÄSTEHAUS

Modern ausgebaute Gründerzeitvilla mit hellen Zimmern, viel Holz und einem Wintergarten. *12 Zi. | Musestieg 4 | Tel. 03947/410 40 | Fax 410 25 | www.hoffmanns-gaestehaus.de* | €€

GASTHAUS KÖNIGSRUHE

Romantisch, autofrei am Wanderweg von Thale nach Treseburg gelegen (Gepäck wird transportiert, Gästeparkplatz im Ort), Harzer Küche mit Forellen, Sülzen und Wildgerichten. *9 Zi. | Tel. 03947/27 26 | Fax 917 31 | www.koenigsruhe.de* | €€–€€€

AUSKUNFT

THALE-INFORMATION

Bahnhofstr. 3 | 06502 Thale | Tel. 03947/25 97 | Fax 22 77 | www.thale.de

ZIEL IN DER UMGEBUNG

BODETAL ★ [115 E5]

Zwischen Thale und Treseburg zwängt sich die Bode durch das immer engere und tiefere Tal und bricht durch die Granitmassen von Rosstrappe und Hexentanzplatz, kurz bevor sie in die Ebene eintritt. Auf dem *Weg am Flusslauf* entlang wird die Vielfalt der Gesteins- und Pflanzenwelt auf 22 Tafeln erklärt. Malerische Wanderwege führen durch das Tal, und über steile Pfade geht es hinauf zu *Rosstrappe* oder *Hexentanzplatz*. Am Talausgang erreicht man Sessellift und Seilbahn. *Busverbindung Thale–Treseburg Ostern–Mitte Nov. 4-mal tgl. direkt über Rosstrappe*

WERNIGERODE

KARTE IN DER HINTEREN UMSCHLAGKLAPPE

[114 C3] **Hermann Löns, der vor dem Ersten Weltkrieg als Redakteur im Harz lebte, nannte Wernigerode „die bunte Stadt".** Malerisch liegt sie mit ihren steilen Dächern und den spitzen Türmen vor dem grünen, schroff ansteigenden Harz. Sie wird vom mächtigen Schloss überragt, dessen Türme und Erker gut zu den bunten Fachwerkhäusern in der Altstadt passen. Zu DDR-Zeiten war die Stadt (35 500 Ew.) ein Vorzeigeobjekt und wurde gut erhalten und restauriert. Heute ist sie ein Besuchermagnet im Harz. Hier beginnt die Brockenbahn, und es ist nicht weit in den Hochharz.

WERNIGERODE

SEHENSWERTES

ALTSTADT

Auf dem Marktplatz steht das *Rathaus,* das mit den Fensterchen der beiden Spitztürme die Besucher anschaut. 1277 wurde es als „Spelhus", als Tanz- und Festhaus, erbaut, war später Gerichtshaus und ist seit 1544 Rathaus. Der *Brunnen* auf dem Platz ist den Wohltätern der Stadt gewidmet. Der *Oberpfarrkirchhof* hinter dem Rathaus besteht aus ruhigen Gassen und Gärten, wo die Teichmühle, auch *Schiefes Haus* genannt, und das *Haus Gadenstedt* stehen, mit seinem Erker eines der schönsten Häuser. Am oberen Ende der Kochstraße steht das *Kleinste Haus* (um 1750 erbaut): 4,20 m hoch, 2,95 m breit, mit einer Wohnfläche von 8 m^2. An der Breiten Straße, der Einkaufs- und Flaniermeile, steht das *Krummelsche Haus* (Nr. 72) von 1674, dessen Fassade gänzlich von eindrucksvollen Holzschnitzereien bedeckt ist, die allegorisch die Erdteile und die Urelemente darstellen.

SCHLOSS WERNIGERODE ★

Das Schloss wurde um 1120 als Burg errichtet, mehrfach umgebaut und erweitert, bis 1862–83 durch den Fürsten Otto zu Stolberg-Wernigerode, Vizekanzler unter Otto von Bismarck, der völlige Umbau im Stil des Historizismus vorgenommen wurde. Bei den Führungen werden über 40 Räume mit der Originalausstattung des 19. Jhs. besichtigt, darunter der Festsaal und die Schlosskirche. Der Blick vom Bergfried geht auf die Stadt, den Vorharz und die Berge des Oberharzes.

Gut vorstellbar, wie von hier Fürsten über die Harzhöhen schauten: Schloss Wernigerode

Mai–Okt. tgl. 10–18 Uhr | Nov.–April Di–Fr 10–16, Sa/So 10–18 Uhr | www.schloss-wernigerode.de

ESSEN & TRINKEN ÜBERNACHTEN

CAFÉ WIEN
Gediegen altmodisches Café. *Tgl. | Breite Str. 4 | Tel. 03943/63 24 09*

HOTEL GOTHISCHES HAUS
Außen die schön restaurierte, 400 Jahre alte Fachwerkfassade, innen modernes Design, zwei ▶▶ Restaurants mit kreativer Küche, die bewusst auf frische Produkte aus dem Harz zurückgreift; Terrasse, Bar, Wellnesskeller. *116 Zi. | Marktplatz 2 | Tel. 03943/67 50 | Fax 67 55 55 | www.travelcharme.com/gothisches-haus | Hotel €€€ | Restaurants €€*

RATSKELLER
Deftige Küche im urigen Gewölbekeller des Rathauses. *Tgl. | Marktplatz 1 | Tel. 03943/63 27 04 | €€*

WEISSER HIRSCH
Vom Restaurant Blick zum Markt und aufs Rathaus, Tipp für Gourmets. *54 Zi. | Marktplatz 5 | Tel. 03943/60 20 20 | Fax 63 31 39 | www.hotel-weisser-hirsch.de | €€€*

AUSKUNFT

TOURISTENINFORMATION
Nikolaiplatz 1 | 38855 Wernigerode | Tel. 03943/63 30 35 | Fax 63 20 40 | www.wernigerode-tourismus.de

ZIELE IN DER UMGEBUNG

BAHNFAHRT AUF DEN BROCKEN [114 A4]
Die Schmalspurbahn benötigt von Wernigerode zwei Stunden. Aber schon die Fahrt bis *Drei Annen Hohne* [114 B5] oder weiter bis *Schierke* [114 A5] ist ein Erlebnis, wenn die schwarzen Dampfrösser langsam den Berg hochstampfen. An schönen Tagen sind die Züge allerdings überfüllt.

ILSENBURG [114 A–B3]
Am Fuß des Brockens, 9 km von Wernigerode entfernt, liegt das 6500 Ew. zählende Städtchen, das von der Eisenhüttenindustrie und dem Fremdenverkehr lebt und schon immer ein Ausgangsort für Brockenwanderungen war. Attraktiv am Ausgang des Ilsetals gelegen, bietet es sehr viele Wandermöglichkeiten, eine gute Hotellerie und ein großes Freibad.

Sehenswert ist die romanische *Klosterkirche* von 1180 mit einer farbigen Darstellung des Lebensbaums (Insider Tipp) auf dem Fußboden. Historischen Eisenkunstguss können Sie in der *Fürst-Stolberg-Hütte (Führung Mo bis Fr 10 u. 14 Uhr | Verkauf von Ofenplatten | Schmiedestr. 16)* sehen, wo noch heute Öfen hergestellt werden; mit *Hüttenmuseum (Di–Fr 10 bis 16, Sa 9–12, So 13.30–16.30 Uhr | Marienhöferstr. 9)*. Das fürstlich restaurierte Landhaushotel *Zu den Rothen Forellen* (Insider Tipp) *(52 Zi. | Marktplatz 2 | Tel. 039452/93 93 | Fax 93 99 | www.rotheforelle.de | €€€)* bietet eine der besten Küchen im Harz.

An der Straße nach Wernigerode steht die *Klosterkirche Drübeck* von 960, eine der ältesten romanischen Kirchen im Harz. Im nahen *Kloster Drübeck* können Sie wohnen und gesund speisen *(54 Zi. | Klostergarten 6 | Tel. 039452/943 30 | Fax 943 31 | www.kloster-druebeck.de | €–€€).*

> DIE SANFTE ANNÄHERUNG

Von grünen Bergrücken hinein in dichte Buchenwälder und zu weißen Felsen wandern

> Die Farben des Südharzes sind hell und bunt. Sie lassen sich besonders schön im Frühling erleben, wenn durch das helle Grün des frischen Buchenlaubs die Sonne scheint und darunter Bärlauch, Anemonen, Schlüsselblumen und Leberblümchen einen blühenden Teppich bilden.

Im Sommer leuchten aus dem dichten Wald die reifen Getreidefelder und Obstwiesen heraus, bis sich im Herbst das Grün in einen Farbenrausch aus Gelb, Orange und Rot verwandelt. Hier schlägt man eine ruhige Gangart ein, ohne dass Langeweile droht.

BAD GRUND

[112 B6] **Die älteste der sieben Bergstädte (3000 Ew.) liegt als langer Häuserwurm im Tal unter den steilen Berghängen des Ibergs und des Hübichensteins.** Deren weiße Kalkfelsen schauen aus dem Grün der Buchenwälder heraus.

Bild: Bei Herzberg

DER SÜDHARZ

Die Stadt besitzt ein Moorheilbad und heilt Asthmatiker durch Höhlentherapie im Eisenstein-Stollen.

ESSEN & TRINKEN ÜBERNACHTEN

HOTEL BELLEVUE

Unübersehbare Villa am Park im Harzer Holzbaustil mit Turm und Veranden. *15 Zi. | Braugasse 5 | Tel. 05327/838 40 | Fax 83 84 13 | www.hotel.bellevue.harz.de* | €

AUSKUNFT

BAD GRUND TOURISTIK GMBH

Elisabethstr. 1 | 37539 Bad Grund | Tel. 05327/70 07 10 | Fax 70 07 70 | www.badgrund.de

ZIEL IN DER UMGEBUNG

IBERG ★ [112 B6]

Auf dem 563 m hohen Berg vor den Toren des Orts steht der *Albertturm*, ein Aussichtsturm, an dem im Sommer Schneeballschlachten stattfinden. Der

Schnee wird im Winter in einer Erdgrube eingelagert. Im Berg befindet sich eine berühmte, 123 m lange *Tropfsteinhöhle (April–Okt. tgl. 9–16.30 Uhr | Nov.–März Do u. So 10–15.30 Uhr | www.ibergertropfsteinhoehle.de).*

Der sagenumwobene *Hübichenstein* nahebei ist ein versteinertes, 50 m hohes Korallenriff. Unter ihm lebte der Legende nach der Zwergenkönig Hübich mit seinem Volk, die den Bewohnern des Tals nur Gutes taten, bis im Dreißigjährigen Krieg der Felsen beschossen wurde und die Zwerge für immer verschwanden. Am Hübichenstein beginnt ein Rundweg durch das Arboretum, den 1,5 km^2 großen *Exotenwald* mit Bäumen und Sträuchern aus aller Welt.

Das Herzberger Schloss ist eine ehemalige Residenz der Welfenherzöge

BAD LAUTERBERG

[117 D–E4] Die alte Bergbaustadt (13 000 Ew.) ist heute Heilbad für Kneipp- und Schrothkuren mit zahlreichen Kurkliniken und bietet gute Einkaufsmöglichkeiten. Sie liegt 3 km lang im engen Odertal, dessen Hänge mit jedem Schritt weiter in den Harz hinein steiler und höher werden. Von der Stadt sind Wald und Wiesen nicht mehr als fünf Gehminuten entfernt. Auf dem 422 m hohen *Hausberg (Sessellift | Gaststätte)* liegt einem der Ort regelrecht zu Füßen.

ESSEN & TRINKEN ÜBERNACHTEN

VITAL RESORT MÜHL

Hochklassiges Wellnesshotel, Kur- und Beauty-Anwendungen, leichte Harzer Küche mit mediterranen Akzenten. *102 Zi. | Ritscherstr. 1–3 | Tel. 05524/850 80 | Fax 85 08 34 | www.vital-resort-muehl.de* | €€€

FREIZEIT & SPORT

VITAMAR ERLEBNISBAD

Ganzjährig in der Halle und draußen Wasserspaß mit Wellen und rasanten Wasserrutschen; Sauna. *Masttal 1 | Mo–Fr 9–22 Uhr (Mi ab 7 Uhr) | Sa/So 9–21 Uhr | www.vitamar.de*

AUSKUNFT

KURVERWALTUNG

Ritscherstr. 4 | 37431 Bad Lauterberg | Tel. 05524/ 920 40 | Fax 55 06 | www.badlauterberg.de

ZIELE IN DER UMGEBUNG

GROSSER KNOLLEN ★ [117 D3]

Die 687 m hohe Kuppe mit *Aussichtsturm* und *Gaststätte (Mo geschl.)* gewährt einen schönen Blick. Ein 7 km langer Wanderweg führt von Bad Lauterberg hierher. Auch gibt es einen Rundweg durch das Grade Luttertal (blauer Punkt) und zurück auf der Höhe über das Knollenkreuz (blauer Balken). *www.grosserknollen.de*

HERZBERG [116 C–D4]

Weithin sichtbar auf dem Berg steht das *Welfenschloss* über der Landstadt (16 500 Ew.), die am Talausgang der Sieber liegt, 10 km von Bad Lauterberg entfernt. Der heutige Renaissancebau stammt von 1510, in dessen Stammbau sind ein Restaurant und ein *Museum (Di–So 10–13 u. 14–17 Uhr | www.museum-schloss-herzberg.de)* untergebracht, das die Geschichte der Welfen, eine Waffenmanufaktur und den Orgelbau im Südharz zeigt. Der *Juessee* im Stadtgebiet besitzt ein beliebtes Freibad.

Am Eingang zur Altstadt steht der *Landhaus Schulze (20 Zi. | Tel. 05521/899 40 | Fax 89 94 38 | €€)* mit Wildspezialitäten. Richtung Sieber liegt mitten im Wald das *Gasthaus Paradies (Di/Mi geschl. | 12 Zi. | Tel. 05521/24 83 | Fax 26 44 | www.hotel.zum.paradies.harz.de | €€)* mit hervorragender Küche. Auskunft: *Touristik- und Kulturinformation | Marktplatz 30 | 37412 Herzberg | Tel. 05521/85 21 11 | Fax 85 21 20 | www.herzberg.de*

Insider Tipp

An der Straße in das Dorf *Lonau* [117 D3] mit Auerhuhngehege, Nationalparkstation und Wanderung zur Hanskühnenburg lohnt der Abstecher zum *Lonauer Wasserfall.*

SCHARZFELD [117 D4]

Ein schmaler Hügelrücken bildet 4 km vor Lauterberg die letzten, recht schroffen Ausläufer des Harzes. Von der Ortsmitte führt ein kurzer Weg zur *Steinkirche (frei zugänglich),* einer Höhle, die im Mittelalter zum Kirchenraum erweitert wurde.

MARCO POLO HIGHLIGHTS

★ **Iberg**
Schneeballschlachten und Tropfsteinhöhle (Seite 51)

★ **Großer Knollen**
Phantastische Sicht über den Südharz (Seite 53)

★ **Burg Hohnstein**
Romantische Ruine im Wald bei Neustadt (Seite 58)

★ **Kloster Walkenried**
Mächtige Ruine mit gotischem Kreuzgang (Seite 55)

★ **Rosarium**
Blütenpracht im weltgrößten Rosenpark (Seite 59)

★ **Kyffhäuser-Denkmal**
Kaiser Wilhelm thront über Barbarossas Burg (Seite 55)

Insider Tipp

Die 600 m lange *Einhornhöhle (Führungen tgl. 10–17 Uhr | www.einhornhoehle.de)* ist auf 360 m zugänglich. Ihre Entdecker glaubten 1541, das Skelett des Einhorns gefunden zu haben. Tiefer im Wald steht die Ruine *Scharzfels (frei zugänglich | Waldgaststätte)*, die bis zu ihrer Sprengung 1757 durch die Franzosen eine der mächtigsten Harzburgen war.

SIEBER **[117 D3]**

Das langgezogene Dorf, 22 km nördlich von Lauterberg, besitzt ein solarbeheiztes Freibad und ist Ausgangspunkt für einen 1,2 km langen Flusslehrpfad. Auskunft: *Haus des Gastes | 37412 Sieber | Tel. 05585/ 322 | Fax 85 21 20 | www.sieberharz.de*

BAD SACHSA

[117 E–F5] Der Ort (8800 Ew.) liegt in einer Senke zwischen den Ausläufern des 660 m hohen Ravensbergs und des Gipskarsts zwischen Sachsenstein, Römerstein und Nüxei. Dank seiner sonnigen Lage ist er heilklimatischer Kurort.

SEHENSWERTES

HARZFALKENHOF

Auf dem *Katzenstein,* 1,5 km außerhalb, steht dieser Falkenhof mit Greifvögeln aller Art. *April–Okt. tgl. 10–17 Uhr | tgl. Flugvorführungen*

ESSEN & TRINKEN ÜBERNACHTEN

HOTEL ROMANTISCHER WINKEL

Fünfsternehaus, römische Badelandschaft nur für Gäste, Wellnessbereich auch für Nicht-Hotelgäste. *68 Zi. | Bismarckstr. 23 | Tel. 05523/30 40 | Fax 30 41 22 | www.romantischer-winkel.de | Restaurant €€ | Hotel €€€*

FREIZEIT & SPORT

SALZTAL-PARADIES

Erlebnisbad mit Sonnenlandschaft, Badegrotte, Duftgarten. Hallen für Tennis, Squash, Badminton, Indoor-

Die drei verstehen sich anscheinend prächtig: Schäfer mit Hund und Herde im Kyffhäuser

golf. *Tgl. 9–22 Uhr | Talstr. 28 | Tel. 05523/95 09 02 u. -08 (Hallen)*

AUSKUNFT

BAD SACHSA INFORMATION

Am Kurpark 6 | 37441 Bad Sachsa | Tel. 05523/300 90 | Fax 30 09 49 | www.badsachsainfo.de

ZIEL IN DER UMGEBUNG

KLOSTER WALKENRIED ★ [117 F5]

Eines der ersten Zisterzienserklöster (1127) in Deutschland ist nur 7 km von Bad Sachsa entfernt. Durch Schenkungen wurde das Kloster schnell reich. Reformation und Ausplünderung im Bauernkrieg 1525 führten zum Niedergang. 1710–1817 diente es als Steinbruch, nur der gotische Kreuzgang, Brunnenhaus, Kapitel- und Brüdersaal blieben gut erhalten. Gigantische Mauerreste machen die Größe der Kirche sichtbar. 2006 wurde ein modernes *Museum* mit interaktiven Ausstellungen eingerichtet. Die Besucher werden in die Welt des Klosters und der Zisterzienser („Der weiße Konzern"), in Wirtschaft, Kultur und Religion des Mittelalters geführt. Im Sommer Konzerte im Kreuzgang (Insider Tipp) *(Di–So 10–17 Uhr | www.kloster-walkenried.de)*. Ein Rundweg (31 P) führt zum *Himmelreich*, (Insider Tipp) an dessen Felswände sich uralte Bäume klammern. Auskunft: *Tourist-Information | Steinweg | 37445 Walkenried | Tel. 05525/13 54 | Fax 05525/202 55 | www.die-drei-suedharzer.de*

KYFFHÄUSER

[119 E–F6] **Der Kyffhäuser ist ein kleines Gebirge für sich mit einer ganz besonderen Pflanzenwelt und außergewöhnlich warmem und trockenem Klima, denn an Harz, Thüringer Wald und Rhön regnen sich die meisten Wolken ab.** So wachsen auf den Streuobstwiesen nicht nur Äpfel, Zwetschgen und Kirschen, sondern auch Aprikosen. Die durchsonnten Trockenrasen und Felsfluren wirken mediterran und duften nach Kräutern. Zwanzig Schafhirten umsorgen über 10 000 Schafe. In den Wäldern stehen Eichen und Linden, die wegen ihres Alters Naturdenkmäler sind.

SEHENSWERTES

BARBAROSSAHÖHLE [119 E6]

Sie ist die größte Höhle in Deutschland, die durch Auslaugung von Gips entstanden ist. In ihrem weit gespannten Gewölbe glitzern kristallklare Seen. *Führungen tgl. 10–17, Okt.–April 10–16 Uhr | www.hoehle.de*

KYFFHÄUSER-DENKMAL ★ [119 F6]

Es steht auf dem höchsten Punkt des Gebirges (457 m), ist weithin sichtbare Landmarke, die hier die Einheit des Deutschen Reichs verkünden sollte. Die Reichsburg Kyffhausen war eine der größten Burgen Deutschlands, die zur Zeit Kaiser Friedrich Barbarossas (1122–90) erbaut wurde. Die Unterburg ist am besten erhalten, der Bergfried ist restauriert, der Brunnen mit 176 m einer der tiefsten in Europa. 1896 wurde das Denkmal für Kaiser Wilhelm I. errichtet, dessen 81 m hoher ⁂ Turm in einer Krone endet, die großartige Aussicht bietet. *Tgl. 9.30–18 Uhr | Nov.–März 10–17 Uhr | www.kyffhaeuser-denkmal.de*

Zwei Kaiser und eine Zeitspanne von über 700 Jahren vereint das Kyffhäuser-Denkmal

Insider Tipp

PANORAMAMUSEUM **[O]**

Die deutsche Geschichte ist nicht nur die Geschichte von Kaisern und Königen. Das Volk hat ebenso Geschichte gemacht und hier auf dem *Schlachtberg* bei Bad Frankenhausen, 16 km südlich vom Kyffhäuser, eine seiner schlimmsten Niederlagen erlitten. Am 15. Mai 1525 wurde das Heer der aufständischen Bauern von den Landsknechten der Fürsten vernichtet, ihr geistiger Anführer Thomas Müntzer gefangen und hingerichtet. Das Rundgemälde von Werner Tübke stellt auf 14 x 123 m Leinwand über 3000 Figuren dar, darunter bekannte Gesichter der Zeit wie Martin Luther und Albrecht Dürer. Das Bild erzählt nicht nur von der Schlacht, sondern auch von den Lebensverhältnissen am Ende des Mittelalters. *Führungen April bis Okt. Di–So 10–18 Uhr | Juli/Aug. auch Mo 13–18 Uhr | Nov.–März 10–17 Uhr | www.panorama-museum.de*

AUSKUNFT

KYFFHÄUSER-INFORMATION

Anger 14 | 06567 Bad Frankenhausen | Tel. 034671/717 16 | Fax 717 19 | www.kyffhaeuser-tourismus.de | www.naturpark-kyffhaeuser.thueringen.de

NORDHAUSEN

[118 C4–5] **Die Industriestadt (u. a. Maschinenbau, Kornbrennerei, Tabakverarbeitung) mit 47 000 Ew. wurde 1945 stark zerstört, der Wiederaufbau riss weitere Wunden in die Altstadt, in der die Kirchen, Stadtmauern und Türme aber erhalten blieben.**

SEHENSWERTES

INNENSTADT

Vor dem *Renaissance-Rathaus* steht der Roland, rot und aus Holz wie in anderen Orten im Südharz. Der *Dom zum Heiligen Kreuz* mit seinem gotischen Netzgewölbe erhebt sich über einer romanischen Krypta mit massigen Säulen und Kapitellen. Die *Blasiuskirche,* eine spätgotische Hallenkirche, ist an den beiden schiefen, ungleich hohen Türmen zu erkennen, sie sich gegeneinander neigen. Gut 100 Jahre alt sind die Anlagen der *Traditionsbrennerei des Nordhäuser Korns* heute *Museum (Mo–Fr 10–16 | Führung 14 Uhr | Grimmelallee 11 | www.traditionsbrennerei.de).*

ESSEN & TRINKEN ÜBERNACHTEN

HOTEL AM KLOSTER

Nett restauriertes Haus des 19. Jhs., modern ausgestattet, im benachbarten *Ilfeld. 17 Zi. | Neanderplatz 6 | Tel. 03633/13 66 | Fax 367 77 |* €

AUSKUNFT

TOURISTENINFORMATION

Im Bahnhof der DB | 99734 Nordhausen | Tel. 03631/90 21 54 | Fax 90 21 53 | www.tourismus-ndh.de

ZIELE IN DER UMGEBUNG

HÖHLE HEIMKEHLE [119 E4]

Im *Alten Stolberg,* 24 km östlich von Nordhausen, liegt die größte Schauhöhle im Gipskarst. 750 m Gänge und Säle mit Seen und Alabasterkristallen sind zu besichtigen. Im Zweiten Weltkrieg war hier eine Rüstungsfabrik, ein Denkmal erinnert an Leiden und Sterben der Zwangsarbeiter. *Di–So 10–17 Uhr | Nov.–April 10–16 Uhr | www.hoehle-heimkehle.de*

ILFELD [118 C3]

Die Kleinstadt liegt nördlich von Nordhausen am Talausgang der Bere, die ein Durchbruchstal mit roten Por-

> LOW BUDGET

- > Die Sonntagswanderungen auf dem Karstwanderweg werden von Fachleuten geführt und sind immer ein kleines Abenteuer. Eine Spende für die Organisatoren ist am Ende willkommen. *www.karstwanderweg.de*
- > Ganz ruhig und günstig übernachten im Fachwerkhaus *Hohe Tanne* in Bad Lauterberg. *13 Zi. | Kummelstr. 4 | Tel. 05524/920 70 | Fax 920 71 12 | www.hohetanne.de*
- > In der *Bauernhofpension Ibe* in Neustadt können Sie sehr preiswert übernachten und Bio-Erzeugnisse einkaufen. *4 Zi. | Burgstr. 28 | Tel. 03634/22 98 | Fax 304 54 | www.pension-ibe.de*

phyrwänden bildet: Das ganze Gebiet ist vulkanischen Ursprungs.

KZ-GEDENKSTÄTTE DORA **[118 B4]**
Nach der Bombardierung der Raketenversuchsanstalt in Peenemünde wurden nordwestlich von Nordhausen in unterirdischen Stollen V1- und V2-Raketen von Zwangsarbeitern aus ganz Europa gebaut. Zum Lager *Mittelbau-Dora* gehörten über 30 Rüstungsbetriebe im Harz, von 60 000 Menschen wurden mehr als 20 000 Opfer der „Vernichtung durch Arbeit". *Di–So 10–18 Uhr | Okt. bis März 10–16 Uhr | www.dora.de*

NEUSTADT **[118 C3]**
Das Städtchen, 11 km nördlich, ist von einer Stadtmauer umgeben. Vom wuchtigen Torturm sind es nur wenige Schritte zum Markt, wo Roland und Kirche stehen. Zur mächtigen Ruine von ★ *Burg Hohnstein* mit Burggaststätte führt ein Wanderweg durch den Wald (30 Minuten).

Übernachten kann man im *Hotel Neustädter Hof (49 Zi. | Bergstr. 17 | Tel. 036331/90 90 | Fax 90 91 00 | www.landhotel-neustaedter-hof.de | €€–€€€)* mit harztypischem Restaurant. Auskunft: *Neustadt-Information | Burgstr. 48 | 99762 Neustadt | Tel. 036331/462 77 | Fax 49 74 49 | www.neustadt-harz.de*

OSTERODE

[116 B–C 2–3] Die Stadt (26 500 Ew.) liegt am Fuß des Harzes, dort wo die alte Chaussee quer über den Harz beginnt, auf der Heinrich Heine nach Clausthal und Goslar wanderte. Reste der Stadtmauer umgeben die Altstadt, die Fußgängerzone ist und zahlreiche schön erhaltene Fachwerkhäuser aus dem 16.–18. Jh. besitzt.

SEHENSWERTES

ALTSTADT
Am Kornmarkt steht das *Rinnesche Renaissancehaus*, im *Harzkornmagazin* an der Söse lagerten bis zu 20 000 t Getreide für die Versorgung der Oberharzer Bergleute. Vor dem Alten Rathaus steht eine *Walrippe* gegen Hochwassernot, die *Ratswaage* war Fest- und Hochzeitshaus,

Ausstellung in Mittelbau-Dora: In so einem „Grubenhund" transportierten Häftlinge Gestein

von der *Alten Burg* überblickt man die ganze Stadt.

ESSEN & TRINKEN ÜBERNACHTEN

HOTEL BÖRGENER

Ruhige Lage, Garten, zentrumsnah. *19 Zi | Hoelemannpromenade 10 | Tel. 05522/909 90 | Fax 90 99 13 | www.hotel-boergener.de | €€*

AUSKUNFT

TOURISTENINFORMATION

Dörgestr. 40 | 37520 Osterode | Tel. 05522/68 55 | www.osterode.de

SANGERHAUSEN

[120 C–D6] Die mittelalterliche Bergbaustadt mit 28 000 Ew. ist für ihr buntes Kneipenleben, ihr Rosarium und ihr Mammut berühmt.

SEHENSWERTES

ROSARIUM ★

Der größte Rosenpark der Welt (12,5 ha) besitzt über 6500 Rosensorten. Rosenverkauf ab Mitte Mai. *Mai, Sept., Okt. 8–19 Uhr | Juni–Aug. 8 bis 20 Uhr | www.rosarium.de*

SPENGLERMUSEUM

Hier ist neben interessanten Funden aus der Jungsteinzeit das einzige vollständige Mammutskelett der Welt zu sehen. *Di–So 13–17 Uhr*

Insider Tipp

ESSEN & TRINKEN ÜBERNACHTEN

HOTEL FÜNF LINDEN

Landhaus mit Wellnessangebot im 12 km entfernten Wickerode, Speisen aus regionalen Produkten. *30 Zi. | Schulplatz 94 | Tel. 034651/350 | Fax 351 01 | www.hotel-fuenf-linden.de | Restaurant € | Hotel €€*

Königlich: Edelrose in Orange im Rosarium

AUSKUNFT

TOURISTENINFORMATION

Markt 18 | 06526 Sangerhausen | Tel. 03464/194 33 | www.sangerhausen.de

ZIELE IN DER UMGEBUNG

QUESTENBERG **[120 B6]** Insider Tipp

Das Dörfchen, 15 km westlich, liegt idyllisch im engen Tal unter weißen Felswänden und bewaldeten Berghängen. Der Aufstieg zur *Queste,* einem hohen Gipsfelsen (Pfingsten: Questenfest), belohnt mit einem einzigartigen Blick. Im Nachbarort ist das einstige *Gut Drebsdorf (3 Zi. | 5 Apt. | Tel. 034656/56 00 | Fax 560 17 | www.gut-drebsdorf.de | €)* zum Reiterhof mit Internetcafé ausgebaut.

> IN SERPENTINEN ZU DEN BERGSTÄDTCHEN

Wo das Klima reizt, die Aussicht lockt und im Winter der Schnee in der Sonne glitzert

> Dunkle Wälder und rauschende Bäche, Felsklippen und Blockfelder, Bergwiesen und Moore sind die Elemente der Oberharzer Landschaft. Im Hochsommer ist die Luft leicht, im Winter ist es schneesicher. Der Oberharz ist für viele Harzbesucher der eigentliche Harz, der vom mächtigen Brocken und den niedrigeren Gipfeln im Dreieck St. Andreasberg, Braunlage und Torfhaus beherrscht wird. Umgeben sind sie von ausgedehnten Mooren, in denen fast alle größeren Bäche und Flüsse des Harzes entspringen und mit Ausnahme der Sieber in ihrem Oberlauf aufgestaut sind. Vom Osthang des Brockens bis zum Höhenzug von Bruchberg und Acker reicht das Kerngebiet der beiden Nationalparks. Westlich schließt sich die Clausthaler Hochebene mit vielen Teichen und dem malerischen Innerstetal an. Die reichen Erzminen der Oberharzer Bergstädte sind zum Teil Schauberg-

Bild: Wildemann

DER OBERHARZ

werke und Museen geworden. In Brauchtum und Festen ist die Bergbautradition noch lebendig, wenn Knappen und Steiger in schmucken Uniformen auftreten.

ALTENAU

[113 D6] Die holzbeschlagenen Bergarbeiterhäuser längs der krummen Gassen stehen geduckt unter dem Glockenberg, wo die Hochhausskyline des Ferienparks in den Himmel ragt. Gut ausgebaute Sport- und Freizeitanlagen und eine attraktive Umgebung mit Okertal, Polstertal und Torfhaus haben Altenau (2800 Ew.) zu einem der meistbesuchten Harzer Orte gemacht.

ESSEN & TRINKEN ÜBERNACHTEN

ALTE AUE

Im Ortszentrum im holzgetäfelten und gedrechselten Landhausstil. Harzer Küche mit lokalen Produkten. *17 Zi., 7 Apt. | Marktstr. 17 | Tel. 05328/980 10 | Fax 98 01 43 | www.landhotel-alteaue.de | €–€€*

gibt es 1500 Kräuter und Tees, 250 Mischungen werden frisch zubereitet. *Tgl. 10–18 Uhr | Eintritt 3,50 Euro | www.kraeuterpark-altenau.de*

Gewaltige Findlinge im wildromantischen Okertal

PARKHAUS

Typisches Harzer Haus in der Ortsmitte mit Schindeln, Kamin, Garten und Restaurant. *9 Zi. | Markt 3 | Tel. 05328/980 00 | Fax 18 04 | Restaurant €–€€ | Hotel € | www.hotel-parkhaus.de*

EINKAUFEN

Insider Tipp **KRÄUTERPARK**

Ein Park zum Riechen und Schmecken mit Kräutern aus allen Kontinenten, Infotafeln verraten Herkunft, Heilkraft und Verwendung in der Küche. Die „Gewürzpagode" erzählt die Geschichte der Gewürze. Im Laden

AUSKUNFT

KURGASTZENTRUM

Hüttenstr. 9 | 38707 Altenau | Tel. 05328/80 20 | Fax 802 38 | www.harztourismus.com

ZIELE IN DER UMGEBUNG

OKERTAL ★ [113 E5]

An der *Romkerhalle* mit dem künstlich geschaffenen *Wasserfall* verengt sich das Tal. Die Oker stürzt über Blöcke und Felsen, bildet ruhige, tiefe Wasserbecken und dann wieder Kaskaden – ideal für Wildwasserkanu. Der Wanderweg (6 F) bleibt meist direkt am Wasser und bietet großartige Aussichten auf die Granittürme an den Hängen, die beliebt bei Alpinkletterern sind.

OKERTALSPERRE [113 D–E5]
Am Pavillon Weißwasserbrücke in Altenau startet die MS „Aquamarin" zu 1- bis 2-stündigen Rundfahrten *(April–Okt.)* auf dem Stausee. *www.okersee-schiffahrt.de*

SCHULENBERG [113 D5]
Ursprünglich stand der Ort im Okertal am Grund der heutigen Talsperre. Schulenberg ist durch das „Ski-Alpinum" am Großen Wiesenberg (645 m) mit zwei Doppelliften und vier Abfahrtspisten im Winter sehr besucht. Ebenso bekannt sind die Riesenwindbeutel im *Landgasthaus Belvedere (Mo geschl. | Tel. 05329/811 | €)* in Schulenberg, die es auch mit salzigem Inhalt gibt. Auskunft: *Tourist-Information | Wiesenbergstr. 16 | 38707 Schulenberg | Tel. 05329/848 | Fax 849*

TORFHAUS [113 E6]
Die Antennen des Senders Torfhaus sind eine unübersehbare Landmarke. Das einsame Forsthaus von einst, das den Torfstechern Quartier bot und von dem Goethe 1777 mit Förster Degen zum Brocken aufbrach, ist heute einer der Superrummelplätze. Der Riesenparkplatz ist Treff der Biker, Wohnmobilcamper und Hauptausgangsort für Brockenwanderer. Bei klarem Wetter ist der Blick auf den Brocken und hinunter ins Vorland beeindruckend. Am Torfhaus, 8 km östlich von Altenau, beginnen der Brockenaufstieg über den *Goetheweg* (2,5 Stunden) und ein *Rundwanderweg* um das Große Torfhausmoor (1,5 Stunden).

Das *Nationalparkhaus (tgl. 9–17 Uhr | Nov.–März 10–16 Uhr | www.torfhaus.info)* informiert multimedial über Moor und Wald, dazu gibt es einen Waldlehrpfad und Naturerlebnisse für Kinder. Daneben steht die Großgaststätte *Bavaria Alm*

MARCO POLO HIGHLIGHTS

★ Marktkirche
Die größte Holzkirche Deutschlands (Seite 70)

★ Okertal
Eine schöne Wanderung führt durchs Tal (Seite 62)

★ Dicke Tannen
Faszinierende Baumriesen im Wolfsbachtal (Seite 73)

★ Sankt Andreasberg
Alter Bergbauort mit bunten Holzhäusern (Seite 74)

★ Rehberger Graben
Wanderung am Wasserkanal der Bergleute (Seite 76)

★ Harzquerbahn
Mit dem Dampfross durch den Harz (Seite 65)

★ Brocken
2 Mio. Besucher im Jahr hat der Allerhöchste (Seite 66)

★ Steinharz
Wie Türme ragen die Felsen aus dem Wald (Seite 78)

Torfhaus, ein bauernhausgroßer Holzbau im Alpinstil mit deftig bayerischer Kost *(tgl. 9–24 Uhr | € | www.bavariaalm.de).*

BENNECKEN-STEIN

[112 B1–2] **Das Städtchen (2650 Ew.) liegt 565 m hoch und ist damit einer der höchstgelegenen Harzorte mit einem vielseitigen Wintersportangebot (Loipen, Schanze, Schlittenhunderennen).** Im Mai und Juni sind die Bergwiesen, Feuchtbiotope und durchsonnten Laubwälder Ziel von Botanikern, die hier Raritäten wie Knabenkräuter, Türkenbund und Sibirische Iris bewundern.

SEHENSWERTES

STADTKERN

Beim Bummel durch die Innenstadt lohnen das *Rathaus* in der Nordhäuser Straße, das *Pfarrhaus* als ältestes Haus (1656) des Orts, der hübsche *Kurpark* und der *Gondelteich.* Etwas außerhalb liegt die *Waldbühne* (Veranstaltungen). Der *Bahnhof* der Harzquerbahn ist teilweise *Museum (Di–Sa 10.15–16.15 Uhr),* in dem alles rund um die Bahn zu sehen ist – von Fahrkarte bis Schienenmoped.

ESSEN & TRINKEN ÜBERNACHTEN

ZUM BROCKENBÄCKER

Im Nachbarort Tanne: Bäckerei und Gaststätte im Harzstil, rustikale Küche. Kamin, Sauna, Verleih von Skiern und Mountainbikes. *16 Zi. | Tel. 039457/97 60 | Fax 976 33 | www.brockenbaecker.de* | €€

HOTEL HARZHAUS

Am Waldrand mit Blick auf die Bergwiesen steht die einstige Villa mit Restaurant (€) und Sporthalle. *33 Zi., 4 Apt. | Heringsbrunnen 1 | Tel. 039457/940 | Fax 944 99 | www.hotel-harzhaus.com* | €–€€

Das Blumenpflücken während der Fahrt mit der Harzquerbahn ist übrigens verboten

AUSKUNFT

KURVERWALTUNG

Haus des Gastes | 38877 Benneckenstein | Tel. 039457/26 12 | Fax 26 13 | www.benneckenstein.de

ZIELE IN DER UMGEBUNG

HARZQUERBAHN ★

Die Harzquerbahn erreicht zwischen Sorge und Benneckenstein ihren höchsten Punkt (555,5 m). An der *Eisfelder Talmühle* [118 C2] können Sie in die Selketalbahn umsteigen. Hier beginnen einige Wanderwege durch die Laubwälder und sanften Täler des Südharzes, die gemächlich ansteigend nach Benneckenstein zurückführen.

BRAUNLAGE

[117 F2] **Aus dem noch vor 150 Jahren abgelegenen Holzfäller- und Kohlenbrennerdorf mit 800 Seelen ist der größte und lebhafteste Ferienort (5200 Ew.) im Oberharz geworden.** Er liegt im weiten Hochtal der Warmen Bode am Fuß des Wurmbergs, des zweithöchsten Bergs im Harz. 1883 stellte hier Oberförster Arthur Ulrichs sich und seine Waldarbeiter auf selbst gebaute Skier, 1892 wurde der erste Skiklub Deutschlands gegründet. Ein sehenswertes Stück des alten Orts ist neben einigen schönen Fachwerkhäusern die neugotische, holzverkleidete *Trinitatiskirche.* Schöner großer Kurpark.

ESSEN & TRINKEN ÜBERNACHTEN

LANDHAUS FORESTA

Holz und Stein am Waldrand. Sauna, Garten, Restaurant. *Mi geschl. | 22 Zi., 3 Apt. | Am Jermerstein 1 | Tel. 05520/932 20 | Fax 93 22 13 | www.landhaus-foresta.de* | €–€€

RESIDENZ HOHENZOLLERN

Deutschlands kleinstes Fünfsternehotel hat einen schönen Blick über Braunlage. 3 luxuriöse Zimmer und 10 ebensolche Suiten. Im *Restaurant Victoria Luise* ambitionierte, leichte regionale Küche. *Dr. Barner-Str. 10 | Tel. 05520/932 10 | Fax 93 21 93 | www.residenz-hohenzollern.de* | €€€

PENSION WALDFRIEDEN

Harzhaus mit Garten, Vollwertkost, Säfte und Salate für Hausgäste. *11 Zi. | Bismarckstr. 3 | Tel. 05520/586 | Fax 929 93 | www.ferien-in-braunlage.de/detail_waldfrieden.html* | €

ROMANTIKHOTEL ZUR TANNE

Gepflegtes Haus im Zentrum. Im Restaurant (€€€) kreative, südlich orientierte Küche, im Bistro (€) Harztypisches, Pasta, Salate. *21 Zi. | Herzog-Wilhelm-Str. 8 | Tel. 05520/*

931 20 | Fax 931 24 44 | www.tanne-braunlage.de | €€–€€€

FREIZEIT & SPORT

EISLAUFSTADION

Sept.–April Di–Fr 10–12 u. 14–16, Sa 10–16, So 10–17, Mi/Sa a. 20–22 Uhr

AUSKUNFT

KURVERWALTUNG

Elbingeröder Straße 17 | 38700 Braunlage | Tel. 05520/930 70 | Fax 93 07 20 | www.braunlage.de

ZIEL IN DER UMGEBUNG

WURMBERG [114 A5]

Immerhin 971 m hoch ist Niedersachsens höchster Berg, der dank seiner Sprungschanze die 1000-m-Marke erreicht. Die lange für eine germanische Kultstätte gehaltene „Hexentreppe" stammt nach neuen Erkenntnissen aus dem 19. Jh. Die *Kabinenseilbahn (tgl. 9.10–16.30 Uhr | Zwischenstation: Rodelhaus)* erreicht den Gipfel am schnellsten.

BROCKEN

KARTE IN DER HINTEREN UMSCHLAGKLAPPE

[114 A4] ★ **Alle wollen auf den 1142 m hohen Gipfel des Brocken, der mit über 2 Mio. Besuchern im Jahr sicherlich den Rekord unter den deutschen Mittelgebirgsgipfeln hält.** Selbst an den lausigsten Nebeltagen treibt es die Brockenstürmer nach oben. Patriotische Pflichten sind es wohl nicht mehr, wie im Kaiserreich, als die Untertanen ihn „Vater Brocken" nannten und Heinrich Heine, den sie sonst nicht mochten, zitierten: „Der Brocken ist ein Deutscher." Man muss einfach oben gewesen sein, den Aufkleber „Ich war oben" an Ort und Stelle erstanden haben, egal ob nach hartem Fußmarsch oder einer Fahrt mit der Brockenbahn. Vielleicht ist es einfach die lange Pause, die den Brocken so attraktiv macht: Vom Mauerbau 1961 bis zum 3. Dez. 1989, dem legendären Brockenmarsch, war hier Sperrgebiet.

An sehr klaren Tagen im Herbst und Winter kann die Sicht über 100 km weit gehen. Doch an den weitaus meisten Tagen können Sie froh sein, wenn Sie auch nur die ganze Brockenkuppe sehen können. Das Klima hier oben ist rau, entspricht 1900 m Höhe in den Alpen. Einige Fakten: Die natürliche Baumgrenze liegt unter dem Gipfelplateau bei 1100 m, die durchschnittliche Jahrestemperatur beträgt 2,9 Grad, es gibt 1800 mm Jahresniederschlag. An 100 Tagen steckt der Gipfel ganztägig in den Wolken, an weiteren 200

> BROCKENGESPENST

Wenn die weißen Nebel wallen

Keine Erscheinung, sondern ein Naturphänomen: Wenn die Brockenkuppe frei ist, aber unmittelbar darunter an den Hängen der Nebel hängt, projiziert das Licht der tief stehenden Sonne die Schatten von Personen und Gegenständen auf die Nebelwand. Je tiefer die Sonne steht, umso größer wird der Schatten – und lässt Raum für viele Deutungen ...

Tagen herrscht zeitweise Nebel, ganz und gar frei ist er nur an 50–60 Tagen im Jahr. Er ist der windreichste Ort Deutschlands, an dem Weihnachten 1999 mit über 260 km/h die höchste je in Deutschland gemessene Windgeschwindigkeit aufgezeichnet wurde.

Im Winter häuft der Wind oft gigantische Schneeverwehungen an, Brockenwirt und Brockenbahn fräsen sich dann den Weg frei. Nach langen Perioden ohne Neuschnee können die Wege extrem vereist sein. Denken Sie in allen Jahreszeiten an warme, windfeste Kleidung, und planen Sie sorgfältig, wenn Sie diesen unwirtlichen Ort besuchen wollen!

Die Sicht ist wie überall in den Bergen ganz früh am Morgen am besten. Wandern Sie in einer sternenklaren Nacht los auf einem auch in der Dunkelheit unproblematischen Weg (Brockenstraße in Schierke oder vom Ehrenfriedhof bei Oderbrück zum Goetheweg), und erleben Sie den beginnenden Tag oben auf dem Berg! Sie sehen dann, dass der Brocken kein einzeln stehender Berg ist, sondern mit seinen Nebengipfeln Kleiner Brocken (1019 m), Königsberg (1023 m) und Heinrichshöhe (1044 m) eine Gebirgsmasse bildet. Hier, in Deutschlands niederschlagsreichster Region, entspringen Ilse, Bode, (Harzer) Oder, Abbe, Ecker.

Am höchsten Punkt des Brockens steht die *Brockenuhr,* etwas niedriger der *Brockenturm,* der 1937/38 als erster Fernsehturm der Welt 14 Stockwerke hoch gebaut wurde. In ihm befinden sich neben technischen Einrichtungen der Flugsicherung das moderne Hotel *Brockenherberge,* ein *Café* und die verglaste *Aussichtsplattform.* Unten bietet der große Saal mit Wandmalereien aus den 20er-Jahren als *Gaststätte* 200 Menschen Platz. Daneben stehen der 126 m hohe *Antennenmast,* der noch zu DDR-Zeiten errichtet wurde, und der Neubau der Telekom. Winzig klein duckt sich davor das *Wolkenhäuschen,* das 1736 der Fürst von Stolberg-Wernigerode bauen ließ.

Der Fernsehturm auf dem Brocken erlebt nur 60 Sonnentage im Jahr

SEHENSWERTES

BROCKENGARTEN

Der 1890 als Außenstelle des Göttinger Botanischen Gartens angelegte

Brockengarten war Refugium für die schon damals gefährdete Brockenflora (besonders durch das Pflücken der „Brockensträuße"), gleichzeitig wurde die Anpassungsfähigkeit von Alpenpflanzen an das Brockenklima untersucht. Nach der Verwüstung der Brockenkuppe durch die militärische Nutzung wurde der Brockengarten von Botanikern neu angelegt. Hier wachsen heute etwa 1500 Pflanzenarten des Hochgebirges. *Führungen Mai–Okt. Mo–Fr 11.30 u. 14 Uhr*

BROCKENHAUS

Das Nationalparkhaus informiert über Brockengeschichte, Lebensräume im Nationalpark, Geologie, Tiere, Pflanzen, deutsch-deutsche Geschichte und Fernsehgeschichte. Insider Tipp Eine Multimediaschau führt alle Wetterlagen und Windstärken auf dem Brocken vor, eine Cafeteria sorgt für Stärkung. *Tgl. 9.30–17 Uhr | www.brockenmuseum.de*

RUNDWEG

Der 2,6 km lange Weg folgt der ehemaligen Brockenmauer. Die Felsenbastion von *Teufelskanzel* und *Hexenaltar* hat Goethe bei seinen Brockenbesteigungen zur Walpurgisszene im Faust inspiriert. *Führungen Mo–Fr 11 u. 13 Uhr*

ESSEN & TRINKEN ÜBERNACHTEN

BROCKENHERBERGE

Kleines Angebot: 4 Suiten, 8 Doppel- (€€€) und 2 Sechsbettzimmer (€€), alle mit natürlichen Materialien und Dusche/WC ausgestattet. Gepäcktransfer ab Schierke. Reservierung nötig. *(Tel. 039455/120 | Fax 121 00 | www.brockenherberge.de)*. Im 7. Stock *Café Hexenklause (tgl.)*; im 8. Stock *Aussichtsplattform*, im Erdgeschoss *SB-Gaststätte* mit Terrasse.

BROCKENWIRT

„Der Höchste im Norden", im Bahnhofsgebäude und davor auf der Terrasse. Selbstbedienung mit insgesamt über 200 Plätzen. *Tgl. | Tel. 039455/268* | €

WEGE AUF DEN BROCKEN

Mit dem Auto geht es nicht. Letzte Station mit großen Parkplätzen ist Schierke, dann folgen 7 km sanfter Aufstieg. Die Asphaltstraße ist ideal für den nächtlichen Abstieg nach dem Sonnenuntergang oder bei verpasster Bahn.

Zu Fuß gibt es sechs klassische Wege: *1.) ab Wernigerode (5 Std.):* ins Kleine Breitetal (abkürzend Bahn bis Steinerne Renne), ausgeschildert bis zur Brockenchaussee. *2.) ab Ilsenburg (5 Std.):* Karawanenweg durch das Ilsetal, an den Ilsefällen vorbei. *3.) ab Torfhaus (knapp 3 Std.):* bequemer Aufstieg über „Goetheweg" – der Dichter nahm ihn 1777 – und Kaiserweg zur alten Grenze, auf Betonplatten dort aufwärts und auf Bohlenwegen zur Brockenchaussee. *4.) ab Oderbrück (2,5 Std.)* durch den Bodebruch (Moorweg, viele Wurzeln und Steine) oder auf dem Allwetterweg *ab Ehrenfriedhof (2,5 Std.)* zum Dreieckigen Pfahl, dort weiter auf dem Grenzstreifen zum Goetheweg. *5.) ab Schierke (3 Std.):* bequemster und viel benutzter Weg durch das Eckerloch, gut beschildert und breit. Am Brockenbett führt ein 200 m langer Bohlenstieg in die Moor- und Urwaldwildnis hinein. Insider Tipp *6.) ab Bad Harzburg oder Eckertalsperre (ca. 3 Std.):* über den Teufelsstieg, die Scharfenstein-, Hermanns- und Bismarckklippen und den Kleinen Brocken auf den großen. Eine anspruchsvolle Strecke, die dafür aber nicht so überlaufen ist wie die anderen Trampelpfade.

Per Rad: eine anspruchsvolle Tour mit dem Mountainbike, oft erschwert durch die Heerscharen von Fußgängern. Die für den Autoverkehr gesperrten Waldstraßen eignen sich gut. Bitte keine Bohlenwege und Waldpfade nehmen, die sind ausdrücklich

Der Gipfelrundweg auf dem Brocken; links im Tal sieht man Ilsenburg

den Fußgängern vorbehalten. *www.brockenbiker.de*

Per Bahn geht es am bequemsten: Die historische Schmalspurbahn fährt mehrmals täglich auf den Brocken. Fahrt ab Wernigerode; kürzere Strecke ab Drei Annen Hohne (großer Parkplatz); die kürzeste Strecke ab Schierke (688 m) zum Brockenbahnhof (1125 m). Bei viel Betrieb gibt es Entlastungszüge. *Einheitspreis pro Strecke (egal wie lang) 16 Euro | 24 Euro hin und zurück | www.hsb-wr.de*

CLAUSTHAL-ZELLERFELD

[112–113 C–D6] **Die beiden zur Doppelstadt (16 400 Ew.) zusammengewachsenen Bergstädte waren schon zur Zeit ihrer Gründung im 15. Jh. die Hauptorte des Oberharzer Bergbaus.** Sie besaßen Münzrecht und ab 1775 die Bergakademie Clausthal – heute Deutschlands kleinste technische Universität mit einem bedeutenden Forschungszentrum. Clausthal ist der größere Ort. Zellerfeld wurde nach dem Stadtbrand von 1672 mit breiten, baumbestandenen Straßen wieder aufgebaut.

SEHENSWERTES

ALTSTADT CLAUSTHAL

Im Zentrum stehen um den ehemaligen Markt *Oberbergamt, Bergakademie, Pastorenhäuser* und die ehemalige *Münze,* alles repräsentative Gebäude im typischen Holzbaustil, und die 1639–42 errichtete ★ *Marktkirche,* Deutschlands größte Holzkirche mit 2200 Sitzplätzen.

GEOSAMMLUNG

Insider Tipp

Zweitgrößte europäische Mineraliensammlung mit über 120 000 Exponaten, im Hauptgebäude der Technischen Universität. *Di–Fr 9.30–12.30 Uhr, Do auch 14–17 Uhr, So 10–13 Uhr | Adolph-Roemer-Str. 2 a | http://geomuseum.tu-clausthal.de*

OBERHARZER BERGWERKSMUSEUM

Das älteste (1892) und bedeutendste Technikmuseum Niedersachsens zeigt auf vielfältige Weise den Harzbergbau vom Mittelalter an, wie die 1833 hier erfundene „Fahrkunst", die den Auf- und Abstieg auf Leitern ersetzte. Der Rundgang führt in einen 250 m langen Stollen, über Tage fährt die Grubeneisenbahn auf einer 2,2 km langen Strecke zum Ottiliae-Schacht. *Tgl. 9–17 Uhr | Fahrten Mai–Okt. Sa/So 11 u. 14.30 Uhr | Treffpunkt am alten Bahnhof (Stadtbücherei) | Museum: Zellerfeld | Bornhardstr. 16 | www.oberharzer-bergwerksmuseum*

ZELLERFELD

In der Kirche *St. Salvatoris,* einem Natursteinbau, der im 19. Jh. zur neugotischen Hallenkirche ausgebaut wurde, sind der Taufengel und die Orgel aus dem 17. Jh. sehenswert sowie der 1993–96 von Wilhelm Tübke geschaffene Flügelaltar. Die *Bergapotheke* (1674) gegenüber wird wegen ihrer 66 holzgeschnitzten Gesichter auch „Fratzenapotheke" genannt. In der ehemaligen Zellerfelder Münze ist der *Kunsthandwerkerhof* mit u. a. einer Töpferei, einer interessanten Glashütte und -bläserei sowie dem ▸▸ *Café Sti(e)lbruch (Di geschl.)* untergebracht.

ESSEN & TRINKEN ÜBERNACHTEN

HARZHOTEL ZUM PRINZEN

Das um 1850 erbaute Oberharzer Bürgerhaus ist behaglich im Bauernhausstil eingerichtet. Sauna. *21 Zi. | Zellerfeld | Goslarsche Str. 20 | Tel. 05323/966 10 | Fax 96 61 10 | www.zum-prinzen.de* | €€

WALDHOTEL UNTERMÜHLE

Alte Wassermühle im Wald, nahebei Bade- und Angelteiche. Die Speisekarte offeriert unter anderem Forellen und Wild. Auch Angebote für Radtouren. *Di/Mi geschl. | 9 Zi., 1 Apt. | Tel. 05323/98 30 98 | Fax 98 30 97 | www.untermuehle.harz.de* | €–€€

Das Innere der Marktkirche Zum Heiligen Geist mit dem frühbarocken Hochaltar

Insider Tipp

LANDHAUS KEMPER

Ganz in Holz und ohne Plüsch mit Möbeln des 19. Jhs., in der *Galerie Primavera* Kunstausstellungen. Restaurant mit regionaler, ökologisch orientierter Küche. Auch kulinarische Veranstaltungen. *22 Zi./Apt. | Buntenbock | An der Trift 19 | Tel. 05323/17 74 | Fax 45 29 | www.landhaus-kemper.de* | €€

FREIZEIT & SPORT

Die 22 Wasserwanderwege rund um Clausthal-Zellerfeld sind markiert und mit Erklärungstafeln versehen. Insider Tipp

AUSKUNFT

KUR- UND TOURISTENINFORMATION

Bergstr. 31 | 38678 Clausthal-Zellerfeld | Tel. 05323/810 24 | Fax 839 62 | www.harztourismus.com

ZIELE IN DER UMGEBUNG

HAHNENKLEE-BOCKSWIESE [112 C5]

Die beiden Ortsteile (1400 Ew.) liegen auf einer Hochfläche zwischen Innerste- und Gosetal, sie sind von Wäldern und Teichen umgeben. Weithin sichtbares Wahrzeichen ist die 1908 nach norwegischem Vorbild aus Holz gebaute *Stabkirche*.

Ein Harzer Unikum: die nordische Stabkirche in Hahnenklee

In der *Residenz altes Rathaus (Rathausstr. 16 | Tel. 05325/510 80 | Fax 51 08 88 | www.residenz-altes-rathaus.de | €–€€)* im denkmalgeschützten ehemaligen Rathaus sind elf gut ausgestattete Apartments eingerichtet. Auf den 726 m hohen *Bocksberg* führt eine Seilbahn. Oben gibt es die Ausflugsgaststätte *Bockberghütte (tgl. | Tel. 05325/23 09 | €)* und einen Aussichtsturm. Auskunft: *Kurverwaltung | Kurhausweg 7 | 38644 Hahnenklee | Tel. 05325/510 40 | Fax 51 04 17 | www.hahnenklee.de*

OBERHARZER WASSERREGAL [116–117 C–E1] Insider Tipp

Das *Oberharzer Wasserregal* genannte System ist mit 75 Teichen, 500 km Gräben und 30 km Stollen zum Antrieb der Wasserräder im Bergbau auf der Clausthaler Hochfläche eines der eindrucksvollsten Zeugnisse des Bergbaus im Harz.

HOHEGEISS

[118 A–B 1–2] **Das Bergdorf (1000 Ew.) liegt inmitten von Bergwiesen auf 570 bis 640 m Höhe. Bis 1989 verlief unmittelbar an den Häusern die innerdeutsche Grenze, die hier als breiter Streifen Wildnis noch erkennbar ist.** Die hübsche *Holzkirche* steht an der höchsten Stelle, von der der Blick weit über den Südharz geht. Im naturnahen *Kurpark* und auf den Bergwiesen (Naturschutzgebiet) blühen von Mai bis Juli zahlreiche Orchideen und Lilien. Im Winter gehört Hohegeiß zu den schneesicheren Orten mit Rodelbahn, Pisten, Loipen und Wegen.

SEHENSWERTES

HEIMATMUSEUM

In der *Alten Pfarre* sind u. a. das Leben der früheren Bewohner und die

Geschichte der innerdeutschen Grenze dokumentiert. *Mi u. Sa 16–18 Uhr*

ESSEN & TRINKEN ÜBERNACHTEN

LANDHAUS „BEI WOLFGANG"

Das Restaurant mit französischer Küche und Wildgerichten ist gleichzeitig Galerie des malenden Kochs Wolfgang Stolze, der auch komponiert und musiziert. *Mo/Do geschl. | Hindenburgstr. 6 | Tel. 05583/888 | www.landhaus-wolfgang.de* | €–€€

LANDHAUS DICKE TANNEN

Am Waldrand mit großer Wiese, das Restaurant offeriert Wildspezialitäten und Forellen. *25 Zi. | Bohlweg 40 | Tel. 05583/92 20 | Fax 92 21 00 | www.hotel-dicke-tannen.de* | €€

Auch dieser Bach ist Teil des Oberharzer Wasseregals

WALDHAUS WOLFSBACHMÜHLE

Mitten im Wald, dicht am Wintersportzentrum, steht das große Holzhaus. Eigene Fischteiche mit Lachsforellen, gutbürgerliche Küche. *Mo geschl. | 3 Zi., 3 Apt. | Tel. 05583/93 91 92 | www.wolfsbachmuehle.de* | €–€€

AUSKUNFT

KURVERWALTUNG

Kirchstr. 15 a | 38700 Hohegeiß | Tel. 05583/241 | Fax 12 35 | www.hohegeiss.de

ZIELE IN DER UMGEBUNG

DICKE TANNEN ★ [118 A2]

Im *Wolfsbachtal* (Rundweg Nr. 5 bzw. Weg Nr. 29 D, 3 Stunden) stehen die vermutlich ältesten und mächtigsten Fichten im Harz. Es sind imposante Gestalten mit Moos- und Flechtenbärten.

ROTHESÜTTE [118 B2]

Erst 1679 wurde der mit 100 Ew. kleinste Ort im Harz gegründet. Er lag über Jahrzehnte im Sperrgebiet der DDR. Die Häuser stehen idyllisch in ihren Gärten. An die Vergangenheit als Köhlerdorf erinnern die Meileröfen am Weg zum *Kleinen Ehrenberg*. Wanderwege führen auf der Alten Poststraße nach *Sülzhayn* [118 B3], auf dem Grenzwanderweg in 5 km nach *Hohegeiß* und ein Stück weiter zum „Ring der Erinnerung" [118 B1], nach *Sorge* [118 B1] und nach *Sophienhof* [118 C2], einer Häusergruppe unter hohen Bäumen, umgeben von Bergwiesen und Wäldern.

Auf der *Ziegenalm* werden über 100 Harzer Ziegen gehalten, gibt es Ziegenkäse, im Hofrestaurant Ku- Insider Tipp chen, kleine Speisen und Ziegenfleisch. Im angeschlossenen *Heuhotel* kommen bis zu 70 Gäste unter. *Mo/Di geschl. | 3 Apts. | Dorfstr. 44 | Tel./Fax 036331/482 35 | www.ziegenalm.de* | €

Prozent) zur *Kirche* (1798) hinauf, einem großen klassizistischen Hallenbau. Der *Glockenturm* steht auf dem Glockenberg über der Stadt. St. Andreasberg war im 19. Jh. Hochburg der Kanarienvogelzucht mit bis zu 40 000

Expedition in den Bauch der Erde, ins einstige Silberbergwerk Grube Samson

SANKT ANDREASBERG

[117 E3] ★ **Der höchstgelegene Ort (550 bis 720 m, 2200 Ew.) im Harz wurde 1489 von Bergleuten aus dem Erzgebirge gegründet, angelockt von den schier unerschöpflichen Mengen Silber.** Sie gruben in 400 Jahren die tiefsten Schächte des Harzes. Der alte Ort mit seinen bunten, holzbeschlagenen Häusern steigt von der Unterstadt längs der steilsten Stadtstraßen Deutschlands (18–20 Harzer Rollern im Jahr. 1896 begann hier der Skisport.

SEHENSWERTES

GRUBE SAMSON

Das historische, 810 m tiefe Silberbergwerk war von 1521 bis 1910 in Betrieb und besitzt die letzte noch betriebsfähige Fahrkunst der Welt, die 1837 den Auf- und Abstieg der Bergleute auf Leitern ersetzte. Die Besucher können in der Kunstradstube die 12 m großen, funktionsfähigen Wasserräder besichtigen. *Füh-*

rungen in die Grube tgl. 11 u. 14.30 Uhr. Im Grubenhaus ist das *Heimatmuseum und Harzer Roller-Kanarienmuseum* mit Münzen- und Mineraliensammlung, Bergmannsstube, Insider Tipp Ausstellung über die Geschichte der Kanarienzucht (mit lebenden, singenden Kanaris), des Klöppelns und des Skifahrens untergebracht. *Mo–Sa 9–12.30 u. 13–16, So 10.30–12.30 u. 14–16 Uhr | www.harzerroller.de*

NATIONALPARKHAUS

In der ehemaligen Erzwäsche zeigen Multimedia- und Tonbildschau anschaulich die Zusammenhänge zwischen Natur, Kulturlandschaft und Denkmalschutz. *Tgl. 9–17 Uhr, Nov.–März 10–17 Uhr | www.nationalpark-harz.de*

ROTER BÄR

Am Beerberg ist die Einfahrt zum Lehrbergwerk Roter Bär. Seit 1988 wurde es als Kulturdenkmal in vielen Stunden ehrenamtlicher Arbeit wieder begehbar gemacht. *April–Okt. Sa 15 Uhr oder nach Absprache | Tel. 05582/15 37 | www.grube-roter-baer.de | unbedingt robuste Kleidung und Gummistiefel mitbringen*

ESSEN & TRINKEN ÜBERNACHTEN

HAUS AM KURPARK

Zentral und ruhig, Nichtraucherzimmer. *8 Zi. | Am Kurpark 1 | Tel. 05582/10 10 | Fax 92 30 89 | www.haus.am.kurpark.harz.de* | €

KLEINE KAPELLE ▶▶

Außen Kirche, innen Kneipe mit der Originalausstattung von 1927. Kleine Speisen zum Bier, Schnitzel, Salate. *Di geschl. | Herrenstr. 12 | Tel. 05582/99 96 85* | €

SKANDINAVIA UND ROCAMAR

Am oberen Ortsrand mit Blick zum Südharz. Im nordischen Stil eingerichtet, im Restaurant spanische Spezialitäten. *11 Zi. | Sudetenlandweg 2 | Tel. 05582/644 | Fax 99 99 28 | www.hotel-skandinavia.harz.de* | €€

EINKAUFEN

Die „Offene Werkstatt" Insider Tipp in der *Rathausscheune (April, Juni, niedersächsische Sommerferien, Ende Aug.)* mit Ausstellung und Verkauf ist eine gute Gelegenheit, altes und neues Harzer Kunsthandwerk kennenzulernen.

Im ehemaligen *Bahnhof* haben Künstler ihr Atelier und eine Verkaufsausstellung, vorwiegend Klöppelarbeiten und Holzschnitzereien.

> LOW BUDGET

- 1 km vor Altenau an der Straße nach Torfhaus liegt das *Haus Blume* im weiten Wiesental. *3 Zi., 1 Apt. | Schultal 10 | Tel. 05328/10 01 | Fax 81 83 | www.hausblume-altenau.de*
- In der Waldgaststätte *Polsterberger Hubhaus* bei Clausthal-Zellerfeld wird man satt mit handfesten Sachen: Ziegenkäse, Fleisch vom Harzrind, Kuchen. *Juni–Sept. tgl., Okt.–Mai Mo/Di geschl. | 4 km Ri. St. Andreasberg | Tel. 05323/55 81*
- ▶▶ *Bahni's Hütte* ist ein Matratzenlager mit Küche zur Selbstverpflegung in St. Andreasberg. Schlafsack mitbringen. Auch zwei Apartments. *Braunlager Str. 8 | Tel. 05582/287 | Fax 12 15 | fischbach@harz.de*

SANKT ANDREASBERG

FREIZEIT & SPORT

HÖHENWANDERWEG

Der 18 km lange, gekennzeichnete Weg beginnt an der Kurverwaltung und bietet großartige Fernsichten. Bis auf das Steilstück an der Andreasberger Rosstrappe ist er einfach zu gehen.

SUPERRUTSCHE

Gut 500 m lang geht es vom Matthias-Schmidt-Berg in den Wäschegrund. Hinauf kommt man zu Fuß oder per Sessellift. *Tgl. bei trockenem Wetter von Frühjahr bis Herbst*

AUSKUNFT

KURVERWALTUNG

Am Kurpark 9 | 37444 St. Andreasberg | Tel. 05582/803 36 | Fax 803 39 | www.sankt-andreasberg.de

ZIELE IN DER UMGEBUNG

REHBERGER GRABEN UND ODERTEICH [117 E2]

Der ★ *Rehberger Graben* (7,2 km) wurde 1699–1703 angelegt, um das Wasser der großen Moore für die 88 Wasserräder in den Gruben zu nutzen. Heute produzieren sechs mit Grabenwasser angetriebene Kraftwerke 6,5 Mio. kW im Jahr. Der Weg im Norden von St. Andreasberg überwindet die 723 m hohe Jordanshöhe und folgt dem überdeckten Graben hoch über dem Odertal. Beliebt ist die Gaststätte *Rehberger Grabenhaus,* bei der Sie abends an manchen Tagen Wildfütterungen miterleben können *(Mo geschl. | Tel. 05582/789 | €–€€).* Am *Goetheplatz* erheben sich steile Hornsteinklippen. Hier fand Goethe 1777 den Beweis für die feurige Natur der Erde: Der glutheiße Granit im Erdinneren brachte die Tonschiefersedimente zum Schmelzen und verwandelte sie in Hornstein.

Eine gute Bademöglichkeit bietet sich nach 7 km des Wanderns am *Oderteich,* dabei sind aber unbedingt die Schutzzonen des Nationalparks zu respektieren. Der Oderteich, er- Insider Tipp

Oderteich: 30 ha groß ist dieser „Teich", wenn die Talsperre ganz gefüllt ist

baut 1714–21, war die erste europäische Talsperre (Fassungsvermögen: 1,7 Mio. m³). Auf seiner 18 m hohen Staumauer verläuft heute die Harzhochstraße. Reizvoll ist der Rückweg durch das Odertal mit Einkehrmöglichkeit in der *Waldgaststätte Rinderstall (Mi geschl. | Tel. 05582/740 | €)*.

Am Westufer des Oderteichs führt ein Waldweg, der seinem Namen „Märchenweg" mit märchenhaften An- und Ausblicken wirklich gerecht wird, durchs Hochmoor nach Torfhaus. Am Ostufer beginnt der Aufstieg zum Brocken (3 Std.) über Oderbrück und Dreieckiger Pfahl.

Insider Tipp

SCHIERKE

[114 A5] **Der Ort (900 Ew.) zieht sich lang und schmal am Tal der Kalten Bode hinauf. Die Lage am Fuß des Brockens hat Schierke Ende des 19. Jhs. zum feinsten und meist besuchten Gebirgsort im Harz gemacht.** Nach der Wende wurde einiges investiert und renoviert. Den großen Parkplätzen sieht man an, dass Schierke Hauptausgangsort für Brockenbesteigungen ist. Der Wintersport soll noch wachsen. Ein Skizentrum mit Lift und Abfahrten am *Großen Winterberg* ist geplant. Loipen gibt es am Kleinen und Großen Winterberg, längs der Bode und am Oberen Königsberger Weg bis zum Dreieckigen Pfahl, wo Anschluss an die Loipen von Torfhaus, St. Andreasberg und Braunlage besteht.

ESSEN & TRINKEN ÜBERNACHTEN

PENSION ANDRÄ

Klein und fein, hell gestrichenes Holz, familiär. *9 Zi., 1 Apt. | Brockenstr. 12 | Tel. 039455/512 57 | Fax 454 | www.pension-andrae.de | €€*

DER KRÄUTERHOF

Insider Tipp

In *Drei Annen Hohne* am Bahnhof, ruhig gelegen, großzügige Zimmer, kreative, marktfrische Küche, auch vegetarisch. *40 Zi. | Tel. 039455/840 | Fax 841 99 | www.hotel-kraeuterhof.de | €€*

WALDSCHLÖSSCHEN SCHIERKE

In italienischem Design renovierte Jugendstilvilla. Restaurant mit Harzer Spezialitäten und Weinen. *30 Zi. | Hermann-Löns-Weg 1 | Tel. 039455/86 70 | Fax 867 77 | www.waldschloesschen-schierke.de | €€*

AUSKUNFT

KURVERWALTUNG/NATIONALPARKHAUS

Brockenstr. 10 | 38879 Schierke | Tel. 039455/86 80 | Fax 403 | www.schierke-am-brocken.de

ZIELE IN DER UMGEBUNG

ELEND [114 B5]

Von Schierke führt der schnellste Weg (17 G, 2 km) längs der Kalten Bode durch das eindrucksvolle Elendstal. Aufregender, mit großartiger Aussicht ist der Weg oben über die *Schnarcherklippen,* der an einigen Stellen über Eisenleitern führt. „Sieh nur die alten Felsennasen, wie sie schnarchen, wie sie blasen", schrieb Goethe im Faust. Der Name des kleinen Kurorts (500 Ew.) soll nichts mit „elenden" Lebensverhältnissen zu tun haben, sondern die Ilsenburger Mönche hätten ihn „eli lenti", fremdes Land, genannt. Elend besitzt die kleinste *Holzkirche* Deutschlands.

Insider Tipp

Das Hotel *Grüne Tanne (28 Zi. | Tel. 039454/460 | Fax 461 55 | www. mandelholz.de | €–€€)* steht an der B 27 Richtung Königshütte beim Stausee Mandelholz: ein schönes altes Haus, gut modernisiert, Restaurant mit ansprechender deutscher Küche (Mo geschl.), Wellnessangebot und Liegewiese. *Auskunft: Kurverwaltung | Hauptstr. 19 | 38875 Elend | Tel. 039455/375 | Fax 587 40 | www.elend-harz.de*

STEINHARZ ★ [114 A–B 4]

Am Nord- und Osthang des Brockens ragen zahlreiche Klippen empor wie Türme und Bastionen. Sie sind harte Gesteinskerne aus Granit oder Hornstein, die stehen blieben, als das umgebende weichere Gestein auswitterte und zu kleineren Blöcken oder Sand zerfiel.

Gleich über dem Bahnhof stehen die *Feuersteinsklippen,* wo der Glashüttenweg, einer der klassischen Brockenaufstiege, zum *Ahrensklint* und zum *Mönchsstein* führt, den Erzsucher vor Jahrhunderten als Wegmarke setzten, und zu den *Brockenkindern* und der *Kapelle,* eindruckvollen Granitklippen auf dem Renneckenberg. Weiter entfernt sind die *Leistenklippe,* die *Zeterklippen* und die *Hohneklippen,* am Nordhang über der Steinernen Renne der *Ottofelsen.* Auf einige Klippen führen Eisenstiege und -leitern. Sie bieten mit ihren 10–20 m Höhe eine überwältigende Sicht.

WILDEMANN

[112 C5] **Die kleinste der sieben Oberharzer Bergstädte (1300 Ew.) schlängelt sich in 400–600 m Höhe zwischen steilen Berghängen nur ein, zwei Häuserreihen breit im Innerste- und Grumbachtal dahin.** Der „wilde Mann", ein wenig bekleideter Hüne mit langem Bart und wirren Locken, zeigte nach der Sage vor 500 Jahren den Erzsuchern den Weg zu reichen Silberadern.

Über dem Ort auf dem Gallenberg steht die *Fachwerkkirche Maria Magdalena,* die nach einem Brand 1914 originalgetreu wieder aufgebaut wurde. Der *Bergbauernhof Klein Tirol* widmet sich der Arterhaltung bedrohter Haustierarten wie der braunen Harzziege und dem roten Harzer Höhenvieh, die in der Bergbauzeit überall im Harz von den

> DIE RÜCKKEHR DER LUCHSE

Der Harz hat ein neues Maskottchen

Alles was Krallen, scharfe Zähne und krumme Schnäbel hat, wurde bis vor wenigen Jahren erbarmungslos gejagt. 1818 wurde der letzte Luchs bei Lautenthal erlegt. Nach erfolgreichen Auswilderungen im Bayerischen und im Pfälzer Wald wurden ab 2000 auch im Harz Luchse in die freie Wildbahn entlassen, wo sie vorwiegend Rehe jagen. Nicht alle 22 Tiere, die aus Zuchtbeständen von Tiergärten stammen, überlebten. Bisher wurden 18 Geburten beobachtet, es dürften aber mehr sein, da Luchse ein sehr heimliches Leben in riesigen Revieren führen. *www.nationalpark harz.de/leben/luchs.htm*

Eisenstiege erleichtern die Besteigung des Ottofelsens im Steinharz

Bergleuten gehalten wurden. Ein 14 km langer Rundwanderweg führt einmal um den Ort.

ESSEN & TRINKEN ÜBERNACHTEN

TIROLER HÜTTE ▶▶

Aus den Balken und Brettern alter österreichischer Berghütten gebaut, Küchenmix aus Harz, Alpen, Italien und fernen Kontinenten. *Tgl. | Im Spiegeltal 40 | Tel. 05323/61 90 | www.tiroler-huette.harz.de* | €€

HOTEL WALDGARTEN

Am Waldrand gelegen, Wellnessbereich, Restaurant. *29 Zi. | Schützenstr 31 | Tel. 05323/968 00 | Fax 96 80 50 | www.hotel.waldgarten.harz.de* | €€

AUSKUNFT

TOURISTENINFORMATION

Bohlweg 5 | 38709 Wildemann | Tel. 05323/61 11 | Fax 61 12 | www.harztourismus.com

ZIEL IN DER UMGEBUNG

LAUTENTHAL [112 C5]

Die ehemalige Bergbaustadt (2300 Ew.) liegt 8 km nördlich von Wildemann im weiten Tal der Innerste, die 4 km talabwärts aufgestaut ist. Am *Stausee* ist Wasser- und Bootssport möglich, er ist mit dem Ort durch einen Rad- und Skatingweg verbunden, der sich talaufwärts bis Wildemann fortsetzt. Im Ortszentrum steht das 400 Jahre alte *Brauhaus,* heute Museum, Besichtigung anmelden im *Harzhotel Brauhaus-Stuben (15 Zi. | Rathausplatz 7 | Tel. 05325/42 82 | Fax 42 06 | €€).*

Auf 1000 m^2 fahren Modellbahnen mit bis zu 200 Zügen auf sechs Anlagen mit verschiedenen Spurweiten computergesteuert. Außerdem gibt es drei Spielanlagen zum Selbststeuern. *Tgl. 10–18 Uhr | Wildemanner Str. 9 | www.harzer-modellbahnzentrum.de*

Das *Niedersächsische Bergbaumuseum Lautenthals Glück* bietet – einmalig im Harz – die Einfahrt in den Berg auf einem Erzkahn, außerdem Grubenbahn und Technikmuseum. *Tgl. 10–17 Uhr | Okt.–April 10–16 Uhr | Wildemanner Str. 11.* Auskunft: *Touristinfo Lautenthal | Kaspar-Bitter-Str. 7 b | 38685 Lautenthal | Tel. 05325/44 44 | Fax 69 17 | www.lautenthal-harz.de*

> WEITE FELDER UND DICHTE WÄLDER

Dieser Teil des Harzes hat seine Idylle und seine Ursprünglichkeit bewahrt

> Die Täler von Bode, Selke, Thyra und Wippra haben sich mit steilen Rändern, Felshängen und vielen Flusswindungen in die weiten Hochebenen des Unterharzes eingeschnitten.

Felder, Weideflächen und ausgedehnte Laubwälder, Dörfer mit niedrigen Fachwerkhäusern und Bauerngärten prägen den Unterharz, in dem vielfach die Zeit stehen geblieben scheint. Während die beiden höchsten Berge, der Ramberg im Norden und der Auerberg im Süden, kaum bemerkenswert sind, beherrscht im Westen der Brocken den Horizont.

ALTENBRAK

[115 D5] **Altenbrak (475 Ew.) ist eine lange Häuserreihe über der Bode. An dem hier meist ruhig dahinströmenden Fluss mit dicht bewachsenen Ufern entlang führen Wanderwege nach Wendefurth und Treseburg.** Auf der Waldbühne finden

Bild: Rosstrappe

DER UNTERHARZ

im Sommer Kindertheater, Operettenaufführungen und die Harzer Jodlermeisterschaften statt.

ESSEN & TRINKEN ÜBERNACHTEN

ZUM HARZER JODLERMEISTER

Sonnige Lage am Hang über dem Bodetal mit Terrasse. *25 Zi. | Sankt Ritter 26 a | Tel. 039456/56 80 | Fax 58 50 | www.zum-harzer-jodlermeister.de* | €

AUSKUNFT

TOURISTENINFORMATION ALTENBRAK

Unterdorf 5 | 38889 Altenbrak | Tel. 039456/205 | Fax 505 50 | www.altenbrak.de

ZIELE IN DER UMGEBUNG

HASSELFELDE [114 C6]

Das Städtchen (2700 Ew.) liegt 14 km von Altenbrak entfernt auf einer weiten, leicht gewellten Hochfläche. Nach dem letzten großen Stadtbrand

ALTENBRAK

1893 wurden die alten, engen Straßen durch breite Alleen ersetzt, um im Fall von Bränden das Übergreifen des Feuers zu verhindern. Am Waldrand liegt das *Waldseebad* mit schöner Liegewiese *(im Sommer tgl. 8–20 Uhr | B 81 Richtung Nordhausen)*. Wanderwege führen zur Rappbodetalsperre und der Hassel-Vorsperre sowie ins Bodetal. Die *Köhlerei Stemberghaus (4 km Richtung Blankenburg | tgl. 10–17 Uhr | www.harzkoehlerei.de)* ist ein Freiluftmuseum mit dem Köhlerfest im Juli. Die Westernstadt *Pullman City* *(s. Seite 105)* liegt am nördlichen Ortsrand.

Übernachten und harztypisch essen können Sie am Ortsrand in der historischen *Hagenmühle* mit Biergarten *(16 Zi. | Hagenstr. 6 | Tel. 039459/700 50 | Fax 713 36 | www.hotel-hagenmuehle.de | €–€€)*. Auskunft: *Haus des Gastes | Breite Str. 17 | 38899 Hasselfelde | Tel. 039459/713 69 | Fax 760 55 | www.hasselfelde.de*

RAPPBODETALSPERRE [115 D5]

Flussaufwärts erreichen Sie auf dem Talweg nach etwa 7 km die Häusergruppe *Wendefurth* direkt an der Staumauer der unteren Talsperre (Angelmöglichkeit, Bootsverleih) mit dem *Hotel zur Bode (2 Zi., 3 Apt., Tel. 039456/915 | €–€€)*, wo es Forellen und Wild gibt. Zur Krone der 106 m hohen Staumauer führt der Weg neben der B 81. Die Talsperre ist die größte im Harz und auch der größte Energieerzeuger der Region. Sie staut die Rappbode auf, die südlich von Benneckenstein entspringt. Auf der Westseite der Staumauer sind Aussichtsterrassen angelegt *(Führungen April–Okt. tgl. ab 9 Uhr bis zur Dämmerung)*.

STIEGE UND DER SELKETAL-STIEG

Das Örtchen *Stiege* **[119 D2]** liegt 17 km südlich von Altenbrak, überragt von einem kleinen Schloss, zwischen hohen Bäumen idyllisch um einen See, im Sommer mit Naturbad und Bootsverleih. Direkt am See steht das *Haus am See* mit Restaurant und Seeterrasse *(14 Apt. | Lange Str. 2 | Tel. 039459/74 80 | Fax 748 50 | www.hausamsee-stiege.de | €)*.

Auf der Harzhochfläche bei Stiege entspringt die Selke und schlängelt sich im meist sanften Tal durch die Laubwälder des Unterharz, es gibt aber immer wieder enge Felsdurchbrüche mit kleinen Wasserfällen.

Der Bahnhof von Stiege ist Ausgangspunkt des 67 km langen Fernwanderwegs *Selketal-Stieg*. Der Wanderweg verläuft so, dass Wandern und Bahnfahren miteinander verbunden werden können. Möglichkeit zur Rast und zur Übernachtung bieten die vielen Orte am Wegesrand.

West- und Ostdeutsche bestaunen, wie sich Nord- und Südstaatler bekämpfen: Pullman City

Güntersberge [119 D2] lädt mit seinem See direkt im Dorf zum Baden ein, in *Straßberg* [119 E2], *Alexisbad* und *Mägdesprung* gibt es bedeutende Zeugnisse aus der Bergbauzeit, zwischen Alexisbad und Meisdorf sind Abstecher zu den Burgen Anhalt und Falkenstein möglich. Bei *Meisdorf* [120 C2] verlässt die Selke den Harz. Der Wanderweg führt jetzt auf den ersten Anhöhen über Ballenstedt, Gernrode und Bad Suderode, tritt dann in den Vorharz ein und endet in Quedlinburg. *www.selketalinfo.de*

TRESEBURG [115 E5–6]

Die Bode abwärts führt der Weg unter steilen Hängen und Felsen direkt am Fluss entlang nach Treseburg, wo Villen in Holz- und Fachwerkbauweise mit Veranden und Türmchen an der Bode stehen und der Wanderweg durchs Bodetal zur Rosstrappe beginnt.

An der Brücke über die Bode bietet das *Ferienhotel Forelle (34 Zi. u. 2 Apt. | Ortstr. 28 | Tel. 039456/56 40 | Fax 564 44 | www.forelle-reisen.de | €€)* geräumige Zimmer, frische Forellen und eine schöne Terrasse. Auskunft: *Kurverwaltung Treseburg | Ortsstr. 24 | 38889 Benneckenstein | Tel. 039456/223 | Fax 560 03 | www.treseburg.de*

HARZGERODE

[120 B3] Das hübsche Städtchen (5100 Ew.) liegt auf der weiten Hochfläche des Unterharzes – nicht weit vom schönsten Teil des Selketals entfernt – und ist Endstation der Selketalbahn.

MARCO POLO HIGHLIGHTS

★ **Tropfsteinhöhlen**
Zwei faszinierende Tropfsteinhöhlen mit Sälen, Kammern und Grottenolmen (Seite 86)

★ **Stolberg**
Der Geburtsort des Bauernführers Thomas Müntzer besitzt viele schöne Fachwerkhäuser (Seite 87)

HARZGERODE

SEHENSWERTES

MARKT

Um den Markt der einstigen Bergbaustadt stehen das 1901 gebaute *Rathaus* mit Turm und Erker im Fachwerkstil, der *Roedersche Freihof,* die *Bergfaktorei* und die *Marienkirche* von 1698 *(Besichtigung Mo 10–12, Mi 9–12, Sa 10–14 Uhr)*, deren Innenraum zum Besten der Harzer Holzbaukunst gehört.

SCHLOSS

Am Rand der Altstadt steht das befestigte *Schloss,* dessen Festsaal einen bemerkenswerten Parkettboden aus 18 verschiedenen Harzer Holzarten besitzt. *Di–Fr 10–12 u. 13–16 Uhr | Sa/So 10–16 Uhr*

AUSKUNFT

STADTINFORMATION

Marktplatz 2 | 06493 Harzgerode | Tel./Fax 039484/324 21 | www.harzgerode.de

ZIELE IN DER UMGEBUNG

ALEXISBAD [120 B3]

Der Badeort, 3 km von Harzgerode entfernt, wurde 1810 von Herzog Alexius von Anhalt-Bernburg gegründet, seine bauliche Konzeption stammt von Karl Friedrich Schinkel. Es war ein kleiner, feiner Kurort. Auch den späteren Bauten aus der Gründerzeit ist das anzusehen, insbesondere dem großen *Kurhaus* im Park. Spazierwege in der unmittelbaren Umgebung führen zur *Verlobungsurne,* zum *Luisentempel,* zum *Teehäuschen* und zur *Köthener Hütte* – Stätten, die im 19. Jh. im Geschmack der Zeit gestaltet wurden. Am *Bahnhof* treffen die Linien der Selketalbahn nach Gernrode, Harzgerode, Hasselfelde und Nordhausen zusammen. Die Doppelausfahrt von zwei Zügen ist beliebtes Fotomotiv.

Das *Habichtstein Resort* (Insider Tipp) *(77 Zi. | Kreisstr. 4 | Tel. 039484/780 | Fax 783 80 | www.habichtstein.de | Restaurant €–€€ | Hotel €€),* ein angenehm modernisiertes Sporthotel mit dem Wellnessbereich „Vitalterrassen", bietet drinnen und draußen eine feine Küche aus lokalen Produkten und Fleisch vom Harzer Rotvieh.

GÜNTERSBERGE [119 E2]

Auf flachen Hügeln zieht sich das 13 km von Harzgerode entfernte Dorf mit verwinkelten Straßen hinunter zu einem See. Besonders schön ist die Anfahrt mit der Schmalspurbahn, einzigartig das *Mausefallenmuseum* (Insider Tipp) *(Klausstr. 138/B 242 | Sa/So 14–18 Uhr | sonst nach Absprache | Tel. 039488/430 | www.mausefallenmuseum.de)*, wo nicht nur gezeigt wird, auf wie viele Arten Mäuse verfolgt werden, sondern auch jede Menge Kuriositäten gesammelt sind.

An der Straße nach Treseburg liegt kurz nach Allrode das *Jagdschloss Windenhütte* mitten im Wald [119 D1], das ehemalige Jagdhaus der Braunschweiger Herzöge mit schöner alter Holzausstattung, Konzerten auf der Terrasse und Restaurant (tgl.). *10 Zi. , 1 Apt. | Tel. 039456/233 | Fax 285 | www.hoteljagdschloss-windenhuette.de | Restaurant €–€€ | Hotel €€*

MÄGDESPRUNG [120 B3]

Zwischen Alexisbad und Mägdesprung (6 km von Harzgerode) ist das Selketal nicht so sanft wie in seinem weiteren Verlauf. Der Bach zwängt sich zwischen den Felsen hindurch, weicht Bergnasen aus und bildet kleine Kaskaden. Das Eisen der Bergwerke wurde längs der Selke in Hammerschmieden und in der Kunstgießerei verarbeitet, aus der die eindrucksvolle Tierplastik „Der gerissene Hirsch" stammt. Im historischen *Carlswerk* sind Maschinen aus dem 19. und frühen 20. Jh. ausgestellt und seine Geschichte dokumentiert *(Di–Fr 9–16, Sa/So 11–16 Uhr | www.harzgerode.de/carlswerk)*.

Über dem Tal stehen die Ruinen mehrerer Burgen, die zu den königlichen Jagdhöfen des Mittelalters gehörten. Auch heute sind die hoch gewachsenen Eichen- und Buchenmischwälder reich an Wild. Von Mägdesprung führt eine schmale Fahrstraße im Talgrund an mehreren Waldsiedlungen vorbei zur *Selkemühle*. Am Bach entlang verläuft ein Wanderweg, mal direkt am Wasser, mal in der Höhe durch Felsklippen. Insider Tipp

RÜBELAND

[114 C5] Bei Rübeland (1700 Ew.), hat sich die Bode ein enges Tal mit steilen Felswänden durch den Kalk genagt. Besucht wird es wegen seiner beiden Tropfsteinhöhlen.

SEHENSWERTES

BLAUER SEE

Der See, der einen früheren Steinbruch ausfüllt, verdankt seine Farbe im Wasser gelösten Kalksalzen, die bei der Lichtbrechung alle anderen Spektralfarben absorbieren, sodass nur der intensive Blauton sichtbar bleibt – dies allerdings nur im Frühjahr. Im Sommer wechselt er die

Eine tolle Farbe! Der „Blaue See" bei Rübeland leuchtet nur im Frühling

Farbe, oft trocknet er, wie andere Karstgewässer auch, völlig aus

TROPFSTEINHÖHLEN ★ [114 C5]
Die *Baumannshöhle,* in der Knochen des Höhlenbären gefunden wurden, ist seit 1616 für Besucher zugänglich und reich an Tropfsteinen. Der Goethesaal mit dem Wolfgangsee besitzt eine wunderbare Akustik und wird für Vokalmusik und Konzerte genutzt. Die *Hermannshöhle* wurde 1866 entdeckt und bekam als erste Schauhöhle der Welt 1892 elektrische Beleuchtung, um den Besuchern die bis zu 48 m hohen Säle, die Kristallkammer und die lichtscheuen Lurche im Olmensee vorzuführen. *Führungen Juli/Aug. tgl. 9–17.30 Uhr, Nov.–Feb. 9–15.30 Uhr, übrige Monate 9–16.30 Uhr, im Winter ist nur eine Höhle im Wechsel offen | warm anziehen, drinnen sind nur 8 Grad. | www.harzer-hoehlen.de*

>LOW BUDGET

- Extreme Schnäppchenjäger finden in den kleinen Dörfern östlich von *Harzgerode* Äpfel und Zwetschen von der Streuobstwiese, Kartoffeln, die schmecken, Wurst aus Hausschlachtung zu Fair-Trade-Preisen.
- In *Molmerswende,* 270 Ew., wurde 1747 Gottfried August Bürger geboren, der die „Abenteuer des Freiherrn von Münchhausen" geschrieben hat. Ein kleines *Museum* befindet sich in seinem Geburtshaus. Eine Spende ist willkommen. *Di–Fr 10–16, Sa 13–16, So 10–12 Uhr | www.gottfried-august-bürger-molmerswende.de*
- Wer im Western-Look, egal ob Bleichgesicht oder Rothaut, in *Pullman-City* bei Hasselfelde über die Prärie angeritten kommt, darf gratis hinein, Gleiches gilt für Wanderreiter. *April–Okt. tgl. 10–1 Uhr | www.pullmancity-2.de*

ESSEN & TRINKEN ÜBERNACHTEN

EISCAFÉ NR. 1
Im Café viele Sorten Eis und Kuchen, im Dachgeschoss wohnt man preiswert und behaglich, große Terrasse. *2 Zi., 1 Apt. | Blankenburger Str. 27 | Tel. 039454/492 52 | Fax 48 90 20 | www.numero-1.de | €*

AUSKUNFT

FREMDENVERKEHRSAMT
Blankenburgstr. 35a | 38889 Rübeland | Tel. 039454/48 91 44 | www.ruebeland. com

ZIELE IN DER UMGEBUNG

BÜCHENBERG (SCHAUBERGWERK) [114 C4]
Bergbautechnik aus DDR-Zeiten, schöne Erzaufschlüsse, der Rundgang ist 600 m lang. *Führungen tgl. 10, 12, 14, 16 Uhr*

DREI KRONEN & EHRT (SCHAUBERGWERK) [114 C5]
Einfahrt mit der Grubenbahn, hautnahes Erlebnis der harten Arbeit von Bergleuten, (Mineralien-)Museum. *Führungen Mai–Okt. tgl. 9, 11, 13, 15, 16 Uhr, Nov.–April 10, 11, 13, 15 Uhr | www.dreikronenundehrt.de*

ELBINGERODE [114 C5]
Der malerische Fachwerkort (4200 Ew.) liegt auf dem Mittelharzer

Hochplateau, dem *Bodfeld.* Es besteht aus Dolomitkalk, der reich an Höhlen und bizarren Felsbildungen ist und noch heute im Tagebau abgebaut wird. Im Mittelalter war das Bodfeld ein wichtiges Erzgruben- und Hüttengebiet und kaiserliches Jagdrevier. 1970 wurde die Förderung von Eisenerz eingestellt. Sehenswert sind heute die alte *Apotheke*, das *Brauhaus* und die nach einem Brand 1858 im neugotischen Stil wieder aufgebaute *Stadtkirche.* *www.elbingerode.de*

KÖNIGSHÜTTE [114 B5]

Königshütte (700 Ew.) liegt am Zusammenfluss von Kalter und Warmer Bode, 4 km von Elbingerode entfernt. In der *Gießerei und Ofenfabrik* wird noch die 700-jährige Tradition des Harzer Eisengusses fortgesetzt. Über dem Tal steht die *Königsburg* aus dem 11. Jh. mit Rundturm und Resten der Burgmauer. An der Bode entlang führt der *Wanderweg nach Rübeland* (48 K, 3 Stunden) mit schönen Ausblicken auf das Tal, seine wilden Felsen und Fernblick zum Brocken.

STOLBERG

[119 D3] ★ **Das mittelalterliche Städtchen (1400 Ew.) mit seinen mehr als 380 bunten, gepflegten Fachwerkhäusern war einst eine Bergmannssiedlung und liegt am Zusammenfluss zweier Täler, die von Laubwäldern eingefasst sind.** Der Aufstieg zum Schloss, dessen Inneres wegen Sanierungsarbeiten derzeit nicht zugänglich ist, lohnt dennoch wegen des schönen Blicks auf Stadt und Umland.

SEHENSWERTES

MARKT

Hier steht das *Denkmal* des Predigers und Bauernführers Thomas Müntzer, der 1489 im Ort geboren wurde. Das *Rathaus* hat innen keine Treppen, in die oberen Stockwerke führen seitli-

Das Thomas-Müntzer-Denkmal vor dem Stolberger Rathaus

che Außentreppen. Etwas erhöht steht die *Martinikirche*, in der Martin Luther 1525 gegen den von Müntzer geführten Bauernaufstand predigte.

MUSEUM ALTE MÜNZE

Im schönsten Fachwerkhaus der Stadt befinden sich ein Gedenkraum für Thomas Müntzer und eine Münzwerkstatt. *Niedergasse 19 | Mi–So 10 bis 12.30 (Sa/So bis 12) u. 13–17 Uhr*

ESSEN & TRINKEN ÜBERNACHTEN

GASTHAUS KUPFER

Fachwerkbau, behutsam renoviert in schönem, altem Stil. *24 Zi. | Am Markt 23 | Tel. 034654/102 25 | Fax 102 24 | www.gasthaus-kupfer.de | Restaurant €–€€ | Hotel €*

HOTEL ZUM KANZLER

Am Markt in einem über 300 Jahre alten Fachwerkhaus, im holzgetäfelten Speisesaal Harzer Küche. Mit Spezialitätenladen. *30 Zi. | Am Markt 8 | Tel. 034654/205 | Fax 315 | info@zum-kanzler.de | €–€€*

FREIZEIT & SPORT

ERLEBNISBAD THYRA-GROTTE

Große Badelandschaft mit Rutsche, Whirlpool, Außenbecken. *In der Nähe des Bahnhofs | So–Do 10–21, Fr/Sa 10–22 Uhr*

AUSKUNFT

TOURISTENINFORMATION

Markt 2 | 06547 Stolberg | Tel. 034654/454 | Fax 729 | www.stadt-stolberg-harz.de

ZIELE IN DER UMGEBUNG

JOSEPHSKREUZ [119 E3]

Der 1896 auf dem Großen Auerberg (580 m) errichtete eiserne Aussichtsturm (38 m) ist das größte Doppelkreuz der Welt und gewährt einen Rundblick bis zum Kyffhäuser. 5 km Wanderweg von Stolberg. *Ostern–Okt. Di–So 9–19 Uhr, Dez.–Ostern Di–So 9–18 Uhr.* Rasten können Sie im *Bergstübl (Dez.–März Mo geschl. | Tel. 034654/476 | €).*

2 km entfernt liegt das rustikale Hotel *Forsthaus Auerberg (14 Zi., 1 Apt. | Tel. 034654/80 60 | Fax 806 40 | www.auerberg-harz.de | €€).*

> BÜCHER & FILME

Krimi oder Komödie – der Wald spielt die Hauptrolle

- **Die Harzreise** – Eine Perle der Reiseliteratur und immer noch erfrischend zu lesen: Heinrich Heines Beschreibung seines Harzbesuchs von 1824.
- **Die Könige der Nutzholzgewinnung** – Die Komödie wurde 2006 in Tanne gedreht und erzählt den Alltag einer Gruppe von Arbeitslosen und ihren Ausbruch aus der Misere. *www.die-koenige-der-nutzholzgewinnung.de*
- **7 Zwerge – Männer allein im Wald** und **7 Zwerge – der Wald ist nicht genug** – In und um Goslar drehte das Team um Otto Waalkes 2004 und 2006 die beiden wirklich lustigen Filme, die die Creme der deutschen Comedyszene versammeln. *www.7zwerge-derfilm.de*
- **Quitilinga History Land** und **Odins Fluch** – Christian Amling hat diese beiden Harz-Krimis geschrieben, denen noch weitere folgen sollen.
- **Harzreise im Winter** – Keinerlei Staub angesetzt hat auch Goethes Buch über seine Brockenbesteigung 1777.
- **Russisch Blut** – Der Thriller von Anne Chaplet spielt 1945 und nach der Wende in Blankenburg.

SCHWENDA [119 E3]

Die von acht Säulen getragene Barockkirche, 7 km von Stolberg entfernt, wurde 1736/37 von einem stolbergischen Baumeister nach dem Vorbild der Dresdner Frauenkirche als Rundbau errichtet.

200 Stufen bis zur Aussichtsplattform: das stählerne Josephskreuz auf dem Auerberg

WIPPRA UND DAS WIPPERTAL [120–121 C–E4]

Ganz im Osten ist der Harz an seinen höchsten Erhebungen gerade noch 400 m hoch und läuft in weiten Hügeln zum Saale-Tal aus. Die Täler sind jedoch recht steilwandige Einschnitte in diese sehr sanfte Landschaft mit Buchenwäldern, weiten Wiesen und Getreidefeldern. *Wippra* liegt mitten im Tal und ist ein kleiner Kurort mit einigem schönen Fachwerk und gerade mal 1700 Ew. Es ist Endstation der idyllischen Nebenbahnlinie, die von Mansfeld kommt und die Dörfer im Tal verbindet.

Mit der „Wipperliese" fahren Sie bis Friesdorf-Ost, steigen zum Dorf und Schloss *Rammelburg* (nur Außenbesichtigung möglich) hinauf, die beherrschend auf einer Bergnase über einer Schleife der Wipper stehen, und folgen dem Weg (blauer Punkt) hinunter ins Tal, der dicht an Fluss und Bahn verläuft und hinter Biesenrode in der Talenge an der Klippmühle einen geologischen Aufschluss des *Mansfelder Kupferschiefers* zeigt, wo die Steinschichten gebogen und gefaltet sind. Im Sommer können Sie sich am *Vatteröder Teich* erfrischen, mit Badeanstalt und Gaststätte, von hier sind es noch 20 Minuten Weg zum Bahnhof Vatterode.

> BAUDENKMÄLER UND BERGESHÖHEN

Ein Mittelgebirge wie der Harz wartet mit vielen Wanderwegen auf

Die Touren sind auf dem hinteren Umschlag und im Reiseatlas grün markiert

1 STRASSE DER ROMANIK

Diese Route führt Sie von Goslar über Halberstadt nach Sangerhausen, insgesamt 170 km. Um ausreichend Zeit für Besichtigungen zu haben, sollten Sie drei Tage einplanen. Goslar ist reich an romanischer Baukunst, und ab Halberstadt fahren Sie auf der gut ausgeschilderten Straße der Romanik. Neben Kirchen, Klöstern, Burgen und Fachwerk gibt es aber auch viel Natur am Wegesrand zu entdecken.

Goslar *(S. 37)* besitzt mit Kaiserpfalz, Marktbrunnen, Marktkirche, Neuwerkskirche, Frankenbergkirche und der Vorhalle des abgebrochenen Doms ein einmaliges Ensemble romanischer Baukunst. Die B 6, der Sie dann folgen, begleitet den Nordharzrand bis an sein östliches Ende. Bei Eckertal (bzw. B 6 neu bei Abbenrode) geht es über die ehemalige

Bild: Fernblick vom Hochharz zum Hohen Meißner

AUSFLÜGE & TOUREN

Grenze, die kaum noch wahrzunehmen ist. Danach bietet sich ein Abstecher in die Fachwerkstadt *Osterwieck* an, die nach der Restaurierung Hunderter Ackerbürgerhäuser aus dem 16.–18. Jh. wieder sehr ansehnlich geworden ist. Weiter geht's über Wernigerode nach **Halberstadt** *(S. 40)* ins Harzvorland. Der gotische Dom mit hohem Dach und Doppeltürmen ist schon von weitem zu sehen. Wieder Richtung Harz unterwegs, bieten sich ein Abstecher zur Burgruine **Regenstein** *(S. 36)* vor Blankenburg und die anschließende Besichtigung des Klosters **Michaelstein** *(S. 36)* an. Über Westerhausen fahren Sie nach **Quedlinburg** *(S. 43)*. Dessen Stiftskirche und Domschatz sind Höhepunkte der Harzromanik. Sehr archaisch wirkt die außerhalb im alten Friedhof gelegene Wipertikirche. Weitere Stationen sind **Gernrode** *(S. 46)* mit einmaliger Stiftskirche von 959 und über

Ballenstedt ein Abstecher zur Burg **Falkenstein** *(S. 34)*, einer der besterhaltenen Burgen im Harz. Bei Ermsleben führt eine schmale Straße zur **Konradsburg** *(S. 34)*, die auf den flachen Ausläufern des Unterharzes steht. Hier sind die Abraumpyramiden von 900 Jahren Bergbau die höchsten Erhebungen. Schloss **Mansfeld** hinter Hettstedt mit spätgotischer Schlosskirche, Wallgräben, Mauern und Gewölben ist heute Bildungsstätte, kann aber besichtigt werden. Über Mansfeld geht es nach **Sangerhausen** *(S. 59)*, der letzten Station der Romanikreise; hier erinnert die Ulrichskirche in ihrer Bauart an die Kirchen in Burgund. *www.romanikstrasse.de*

2 EINE TOUR AUF DEM KARSTWANDERWEG

Von Osterode nach Pölsfeld bei Sangerhausen führt diese Tour durch Deutschlands längstes Biosphärenreservat, das sich etwa 100 km lang und meist nur wenige hundert Meter breit am südlichen Harzrand entlangzieht. Preiswerte Unterkunft gibt es in fast allen Orten. Zwischenstrecken können mit der Bahn überbrückt werden.

Der über 140 km lange Fernwanderweg erschließt die Karstlandschaft, die durch Auslaugung des weichen Gipsgesteins reich an Höhlen, Seen und Teichen, wasserreichen Quellen und Bachversickerungen ist. Gips, Anhydrid und Dolomitkalk bildeten einen in Europa einmaligen Naturraum, der aus vielen kleinen und kleinsten Naturschutzgebieten inmitten forst- und landwirtschaftlich genutzter Flächen besteht und durch den Abbau des Rohstoffs Gips bedroht ist. Weiß leuchtende Felswände und Steinnadeln stehen in einer sonst sanft gewellten Landschaft mit Weiden, Getreidefeldern, Trockenrasenflächen, Streuobstwiesen und hochstämmigen Buchenwäldern. Die kleinen unter Schutz stehenden Flächen weisen einen natürlichen Reichtum an seltenen Tieren und Pflanzen auf (Orchideen, Zwiebelgewächse, Gräser und Blütenpflanzen der osteuropäischen Steppen, Schmetterlinge, Amphibien und Vögel). Der Weg ist in seiner ganzen Länge markiert, im Kreis Osterode mit braunem Punkt auf gelbem Feld, im Verlauf durch Thüringen und Sachsen-Anhalt mit rotem Strich auf weißem Feld. Naturdenkmäler und Naturschutzgebiete sind durch Tafeln und Karten am Weg erklärt.

Auch als Ruine noch beeeindruckend: Teil der Westfassade des Klosters Walkenried

Von **Osterode** *(S. 58)* geht es auf dem nördlichen Karstwanderweg zu den Teichen des sogenannten Teufelsbads. In den von Schilf umkränzten Gewässern haben sich zahlreiche Vogelarten niedergelassen. Von dort nach Düna, wo es auf dem südlichen Weg ins *Hainholz* geht. Hier sind Karstlöcher, Teiche, Quellen und Gipswände durch einen Landschaftslehrpfad erschlossen. Der Wald wurde 1998 durch einen Orkan stark verwüstet. Wissenschaftler nutzen hier die Gelegenheit zu beobachten, wie sich die Natur ohne den Eingriff des Menschen regeneriert.

Über das Herzberger Schloss gelangen Sie (wieder auf dem Nordweg) vorbei am **Juessee** (einem Karstsee mit Naturbad) nach **Scharzfeld** *(S. 53)* mit Steinkirche, „Einhornhöhle" und Burgruine. Über die Königshütte in **Bad Lauterberg** *(S. 52)* steigen Sie auf die ersten Vorhöhen des Harzes. In **Steina** führt der Weg nach Süden zum **Römerstein**, einem urzeitlichen Korallenriff, und an Teichen und Seen vorbei zur Klosterruine **Walkenried** *(S. 55)*.

Schon der Name ist geheimnisvoll: die „Einhornhöhle" in Scharzfeld

Der Itelteich und das „Himmelreich" gehören zu den eindrucksvollsten Felslandschaften im Gipskarst. Am **Hohnstein** zerstört der Gipsabbau großflächig die Landschaft. Die *Rüdigsdorfer Schweiz* ist ein an Erdfällen reiches Heide- und Trockenrasengebiet, unterbrochen von kleinen Laubwäldern. Zwischen dem Dorf Steigerthal und **Uftrungen** mit der Höhle **Heimkehle** *(S. 57)* liegt das ausgedehnte Waldgebiet **Alter Stolberg**, das besonders an Lichtungen und an den Rändern reich an Karsterscheinungen wie Dolinen (trichterförmige Erdlöcher) und Quellen ist. Im Kreis Sangerhausen verläuft der Weg gradliniger auf dem schmalen Gipsrücken. Der See (**Bauerngraben**) bei Breitungen liegt zeitweilig trocken, weil das Wasser in den Klüften des Gesteins verschwindet.

Um **Questenberg** *(S. 59)* herum wird der Karst richtig schroff, es gibt beträchtliche Höhenunterschiede. Wo die Hänge nicht bewaldet sind, werden sie von ausgedehnten Schafweiden und Streuobstwiesen bedeckt. Von **Wettelrode** mit dem Schaubergwerk **Röhrigschacht** führt die Strecke über Acker- und Weideland nach Obersdorf und **Pölsfeld**, wo der Karstwanderweg endet. *www.karstwanderweg.de*

3 AUF DEM HARZER HEXENSTIEG

Der 97 km lange Fernwanderweg schlängelt sich wie ein roter Faden durch die schönsten und markantesten Gegenden des Harzes. Er führt von Osterode über Torfhaus und den Brocken ins Bodetal nach Thale und ist mit der Harzhexe auf grünem Grund gekennzeichnet. Die einzelnen Routen und Etappen des Hexenstiegs können Sie ganz nach Wunsch miteinander kombinieren.

Von **Osterode** *(S. 58)* bis **Buntenbock** (12 km) folgt er den alten Fuhrmannswegen, die auf der Höhe zwischen Lerbachtal und Sösetal durch ausgedehnte Laubwälder führen. Die anschließende Etappe durch den Oberharz (23 km) macht mit den Teichen und Gräben des **Oberharzer Wasserregals** *(S. 70)* bekannt und führt durch die Bergfichtenwälder und die Felsenklippen der „Steilen Wand" bis nach **Torfhaus** *(S. 63)*. Dort gabelt sich der Weg: Der Hauptweg führt auf dem „Goetheweg" auf den Brocken hinauf und dann durch den Steinharz an Schlungsklippe, Ahrendsklint und Trudenstein vorbei nach **Drei Annen Hohne** (18 km). Die Variante folgt dem „Märchenweg" über Oderteich und **Rehberger Graben** *(S. 76)* nach **St. Andreasberg** *(S. 74)* und durchquert das Odertal. Von Braunlage erreicht dieser Weg über Elend das **Bodetal** *(S. 47)* und in Königshütte den Hauptweg, der zwischen Drei Annen und Altenbrak auf seiner Nordroute (30 km) längs der Bode alte Bergbauregionen und die Rübeländer Höhlen berührt, während die Südroute (31 km) über Trautenstein und Hasselfelde durch sanfte Wiesentäler und weite Hochflächen führt.

In **Altenbrak** *(S. 80)* beginnt der 14 km lange letzte Abschnitt im tief eingeschnittenen Bodetal nach **Treseburg** *(S. 83)* und **Thale** *(S. 46)* – die klassische Bodetalwanderung mit den Abstechern zur **Rosstrappe** über die Schurre und zum **Hexentanzplatz**. *www.hexenstieg.de*

Weidenröschen blühen am Hasenbacher Teich, der zum Oberharzer Wasserregal gehört

4 DAS „GRÜNE BAND" – DER ALTE GRENZWEG

Auf den 1393 km Grenze zwischen den ehemals zwei deutschen Staaten haben vielfach seltene Tier- und Pflanzenarten eine neue Heimat gefunden. Im Harz ist das „Grüne Band" 65 km lang, als durchgehender Wanderweg verbindet dieses erste gesamtdeutsche Naturschutzprojekt die Eckertalbrücke bei Stapelburg im Norden mit Walkenried im Süden. Mit Start in Ilsenburg oder Bad Harzburg und dem Abstecher über den Brockengipfel steigt die Wanderstrecke auf 75 km. Der Grenzwanderweg ist mit einem grünen „G" gekennzeichnet.

Bis auf kurze Strecken verlief der befahrbare „Kolonnenweg" unmittelbar am Grenzzaun. Fast überall ist der einst umgepflügte Todesstreifen mit Bäumen und Sträuchern bewachsen, haben sich an sonnigen Stellen Trockenrasenflächen ausgebreitet. Der Weg wechselt immer wieder die Seite der einstigen Grenze. Es lohnt sich auch immer wieder, Abstecher zu markanten Felsen und Kuppen und in die wenigen grenznahen Orte (solche Abzweigungen sind mit einem gelben „G" gekennzeichnet) zu machen, wo man einkehren und übernachten kann.

Zuerst verläuft der Weg im Eckertal bis zur **Eckertalsperre** *(S. 69)*. Bis hierher kann man alternativ von Bad Harzburg über die Rabenklippen oder von Ilsenburg über die Hausmannklippen wandern. Der Grenzweg steigt dann am Hang des Brockens hinauf und erreicht zwischen Eckersprung und Bodesprung mit 860 m Meereshöhe seinen höchsten Punkt. Oder Sie machen den weitaus anstrengenderen Abstecher auf dem „Kolonnenweg" zum Brocken und hinunter auf dem „Goetheweg" zum **Dreieckigen Pfahl**. Dort beginnen ausgedehnte Moorflächen. Die Bremke und dann die Warme Bode bis zur B 242 bei Sorge bilden eine weite Tallandschaft, deren Reichtum an Blumenarten und Schmetterlingen im Harz einzigartig ist.

Der **Ring der Erinnerung** zwischen Sorge und Hohegeiß ist ein Mahnmal an die Zeit vor der Wiedervereinigung. Der Künstler Hermann Prigann hatte 1993 aus Totholz einen Ring aufgetürmt, der inzwischen von lebendigem Grün überwachsen ist. In ihn führen vier Wege zu großen Steinplatten. Sie stellen die Urelemente der Natur dar – Erde, Wasser, Luft, Flora und Fauna.

Am Dreiländereck zwischen Hohegeiß, Benneckenstein und Rotheshütte beginnt der bisweilen steile und unübersichtliche Abstieg in den Südharz, wo anders als auf den Harzhöhen Laubwälder die Landschaft prägen. Die letzten Kilometer nach **Walkenried** *(S. 55)* verlaufen in den weiten Talebenen von Zorge und Wieda. *www.wandern-im-harz.de*

EIN TAG IM HARZ

Action pur und einmalige Erlebnisse.
Gehen Sie auf Tour mit unserem Szene-Scout

RACE 'N' ROLL

8:00

Mit Speed über Stock und Stein, so geht's actionreich los! Monsterroller heißen die getunten Tretroller, und mit ihnen bewältigt man die 4,5 km lange Strecke mit Sprüngen, Hügeln und Abfahrten im Nu. Alles natürlich downhill! **WO?** *Restaurant Gipfelstürmer | Braunlage | Großparkplatz am Wurmberg | 11 Euro | Tel. 05520 92 32 77 | www.monsterroller.de*

9:00

WELLNESS-ZEIT

Noch ein paar Schlammspritzer im Gesicht? Na, dann hat man sich ein Verwöhnprogramm verdient. Ein Algen-Öl-Guss mit Streichmassage ist zwar auch ganz schön glitschig, aber sooo gut! Egal, ob Sommerwonne oder Aromatraum: Abtauchen im Day Spa des exquisiten *Hotels Hohenzollern*! **WO?** *Hotel & Residenz Hohenzollern | Braunlage | Dr.-Barner-Str. 10–11 | 2,5 Stunden ca. 100 Euro | www.residenz-hohenzollern.de*

GALOPP!

11:00

Dermaßen relaxt schwingt man sich nun auf den Rücken eines Hengstes und jagt über die Felder. Für weniger Geübte ist natürlich auch ein gemütlicher Ausritt mit Blick auf die schöne Landschaft drin. **WO?** *Reitanlage Braunlage | B27 Ortsausgang Richtung Bad Lauterberg | Anmeldung unter: Tel. 05520 29 30*

13:00

SÜSSES VOM BAUM

Jetzt ab ins 30 Minuten entfernte Wernigerode und den süßen Genüssen verfallen. Im Harzer Baumkuchen-Café gibt's nicht nur den besten Baumkuchen Deutschlands, sondern man darf auch die besondere Herstellung dieser Spezialität miterleben. **WO?** *Ilsenburger Str. 5 | Wernigerode | www.harzer-baumkuchen-friedrich.de | Schaubacken Fr und Sa | 14 bis 16 Uhr und nach Vereinbarung*

24 h

GLASBLASEN DO-IT-YOURSELF

14:00

Mit rundem Bauch geht's weiter – zu noch runderen Bäuchen. In der *Glasmanufaktur Harzkristall* gilt es, einer Glaskugel zu ihrer kunstvollen Form zu verhelfen. Glasblasen zum Ausprobieren! **WO?** *Im Freien Felde 5 | Derenburg | 10 km von Wernigerode | www.harzkristall.de | Tel. 039453 68 00*

15:30

HIER KOMMT DER PICKNICKER

Auf geht's zum romantischen Okersee (ca. 50 km), wo man es sich mit einer Picknickdecke gemütlich macht und Sonnenanbeter spielt. Unterwegs einen Snack einpacken! **WO?** *Auf der B498 zur Okertalsperre | Busverkehr ab Goslar oder Bad Harzburg*

KANUFAHREN IM OKERSEE

17:00

Rein in die Fluten mit pfeilschnellen Indianer-Kanus! Alles ist ganz easy: Der Kanu-Lehrer zeigt die wichtigsten Paddel-Moves und liefert das nötige Equipment. Und der Okerstausee präsentiert die passende Landschaft dazu: Abgelegene Ufer zum Beispiel, an denen die erfrischende Badepause so richtig Spaß macht! **WO?** *Okersee | www.harzagentur.de | z.B. mittwochs offenes Paddeln | 8 Euro | Anmeldung unter: Tel. 05323 98 24 67*

20:00

HUNGER & PARTY-HUNGER

Lecker, lecker: Erst geht's zum Dinner in den *Goslarer Zwinger*. Hinter dicken Mauern versteckt sich im mittelalterlichen, ehemaligen Wehrturm eines der ausgefallensten Harzer Restaurants. Bei gutem Wetter wird auf der lässigen Außenterrasse mit Caipirinha-Bar gechillt. Danach Club-Hopping: Anfangen im *Henry's*, wo in Lounge-Atmosphäre DJ-Sounds und Drinks gereicht werden. Danach ab in die *Nachtschicht* (Foto), den neuen Party-Hotspot. **WO?** *Goslarer Zwinger | Thomasstr. 2 | www.goslarer-zwinger.de | Henry's | Markt 6 | www.henrys-erleben.de | Nachtschicht | Carl-Zeiß-Str. 1b | www.goslar-nachtschicht.de*

WILDE WASSER, WINTERSPORT UND WANDERN

Zwischen Bergen und Tälern können Sie sommers wie winters sportlich aktiv sein

Der Harz hat Sportgeschichte geschrieben! Mit der Brockenbesteigung Goethes ging es los: Harzwanderungen wurden Trendsportart. Sie waren damals eine echte sportliche Leistung: Was heute gut ausgebaute Wanderwege sind, waren vor 225 Jahren kaum sichtbare Pfade durch Gehölz und Moor. 110 Jahre später wurde ein Oberförster aus Braunlage Deutschlands erster Skifahrer; und mittlerweile hat sogar das Golfspiel Einzug ins Gebirge gehalten. Sport wird im Harz also ganz groß geschrieben, das Angebot der Nationalparks und der Ferienorte, Hotels und Hütten ist bunt und vielseitig.

ANGELN

Eine selbst gefangene Harzer Forelle ist schon etwas Besonderes, und zum Angeln in Bächen und Seen finden Sie reichlich Gelegenheit. Ob Sie eine Angelkarte brauchen, erfahren Sie in den Touristinformationen und in Angelsportgeschäften. Darüber

Bild: Kanufahren auf der Oker

SPORT & AKTIVITÄTEN

hinaus gibt es ganze Reihe von Angeboten für einen Angelurlaub.

GLEITSCHIRMFLIEGEN

Von steilen Bergwiesen aus geht es mit Schwung in die Harzer Lüfte, oder man lässt sich von einer Motorwinde am Seil nach oben ziehen. Die *Harzer Gleitschirmschule (Tel. 05322/437 37 | Hotline 05322/14 15 | www.harzergss.de)* hat in Bad Harzburg und in Goslar ihre Standorte.

KANU & KAJAK

Die Spanne reicht vom Paddelvergnügen mit Indianerbooten auf Talsperren und Flüssen bis zu Wildwasserfahrten im Okertal. Betreuung und Bootsverleih: *Harzagentur | Clausthal-Zellerfeld | Bergstr. 31 | Tel. 05323/98 24 60 | www.harzagentur.de*

KLETTERN

Im Sommer bieten sich viele Sportarten in freier Natur an. Wer den Mut hat, versucht es mit dem Klettern an Harzer Felswänden unter fachlicher Anleitung. Kletterfelsen gibt es im Steinharz zwischen Schierke, Drei Annen und Steinerner Renne, am Römerstein bei Bad Sachsa, in den Tälern von Oker, Ilse und Bode. Touren über: *DAV Basislager Brocken | Schierke | Mühlenweg | Tel. 03945/ 55 15 46 | www.schierke-am-brocken.de* (auch Kletterwand) und ▶▶ *Bergsport Arena St. Andreasberg | Hinterstr. 3 | Tel. 05582/81 54 | www.bergsport-arena.de,* mit Insider Tipp Hochseilgarten im Kurpark (Sa, April–Okt.).

MOUNTAINBIKING

Wälder und Hochflächen, Berge und Täler sind durch ein riesiges Wegenetz erschlossen. Die befestigten Waldwege und ein Teil der schmalen Pfade, sogenannte Single Trails, sind für Radler geöffnet, querfeldein ist tabu. Goetheweg und Brockenstraße sind meist sehr voll. Dort haben Wanderer „Vorfahrt". Zwölf Touren ab Ilsenburg beschreibt *www.brockenbiker.de.*

Insider Tipp Rund 60 Routen der *Volksbank-Arena Harz* mit 15–55 km Länge liegen im Ober- und Südharz. Auf dem 1800 km langen Netz mit insgesamt 50000 Höhenmetern finden Biker alle Schwierigkeitsgrade auf gut markierten Wegen – von leichten Touren längs der Wassergräben bis zur „Himmel-&-Höllen-Tour". *Volksbank Arena Harz | Bergstr. 31 | Clausthal-Zellerfeld | Hotline 05323/98 24 61 | www.volksbank-arena-harz.de*

REITEN

Möglichkeiten gibt es im Harz fast überall: *Reiterhof Buritz (Bad Harzburg) | Tel. 05322/865 11; Reiterhof Benneckenstein | Tel. 039457/23 81; Reitanlage Braunlage | Tel. 05520/ 35 20 | Reithof Wernigerode | Tel. 03943/241 44.*

Wird auch im Harz immer beliebter: Freeclimbing (Klettern ohne Hilfsmittel)

WANDERN

Es gibt viele Hundert Kilometer gekennzeichneter Wanderwege, die auf den drei Wanderkarten des Harzklubs und zusätzlich auf örtlichen Karten markiert sind. An wichtigen Ausgangspunkten für Touren sind Übersichtskarten und Wegweiser aufgestellt. Verirren kann man sich kaum, wenn man diesen Markierungen folgt und auf den Wegen bleibt. Mit festen Wanderschuhen kommen Sie besser über steiniges Gelände und durch feuchte, schlammige Stellen. Nehmen Sie unbedingt eine Flasche Wasser mit! Für Notfälle gehören ein Erste-Hilfe-Päckchen und das Handy in den Rucksack. Geführte Wanderungen bieten die meisten Ferienorte an. Wanderungen mit den Rangern im Nationalpark können Sie in den Nationalparkhäusern buchen.

WINTERSPORT

Ski, Snowboard, Langlauf: Der Oberharz ist mit Pisten, Loipen, Seilbahnen und Liftanlagen gut erschlossen, besonders in den hoch gelegenen Orten St. Andreasberg, Braunlage, Altenau, Torfhaus und Schulenberg, wo es Skischulen gibt und wo Ausrüstung verkauft und verliehen wird. Ein weitläufiges Revier sind die Clausthaler Hochfläche und der Acker. Um den Brocken, Drei Annen und Schierke gibt es Alpinabfahrten und ein gut ausgebautes Loipennetz.

Die Hochflächen des Ostharzes sind ein ideales Langlaufrevier und nicht so überlaufen. Die überall erhältliche „Wintersportkarte Harz“ gibt eine Übersicht über Loipen, Abfahrten und Sporteinrichtungen.

Rodeln bringt am meisten Spaß auf den präparierten Bahnen, denn im lockeren Tiefschnee bleibt der Schlitten stecken. Auf Loipen und Pisten für Abfahrtsski nicht rodeln, denn Schlittenspuren zerstören die präparierten Bahnen. Rodelbahnen – zum Teil mit Flutlicht – gibt es in Hahnenklee, St. Andreasberg, Torfhaus und Wildemann, die längsten in Braunlage und Harzgerode.

Eislaufen kann man das ganze Jahr über in den Eissporthallen von Altenau, Bad Sachsa, Braunlage und Wernigerode. In der freien Natur ist auf Teichen und Stauseen Vorsicht angeraten. Strömungen und Schwankungen des Wasserspiegels machen das Eis brüchig. Unbedingt Warntafeln beachten!

Winterwanderung am Brocken

> WILDER WESTEN IM OSTHARZ

Neben Erlebnisparks und Spaßbädern ist auch das Angebot der Nationalparks für die Kids interessant

> Im Harz gibt es für Kinder alles, was es auch anderswo gibt: Spielplätze, Superrutschen, Sommerbobs, Erlebnisbäder. Und es gibt den Harz. Bäche zum Durchwaten, Bergwiesen zum Drachensteigen, verlassene Bergbauhalden, wo Schatzsucher Erzbrocken und Kristalle finden können. Lizenz für Entdecker sind die Ferientickets, mit denen Kinder in den Sommerferien unbegrenzt mit Bahn und Bus im Regionalverkehr reisen können. Leider gelten sie immer nur für ein Bundesland.

> www.marcopolo.de/harz

Badelandschaften, zum Teil auch mit warmen Außenbecken im Winter, gibt es in Altenau, Bad Frankenhausen, Bad Harzburg, Bad Lauterberg, Bad Sachsa, Halberstadt und Stolberg. Superrutschen und Sommerbobbahnen haben von Ostern bis in den Herbst Saison in St. Andreasberg, in Thale und in Wippra. Die Schneeballschlacht im Sommer mit echtem Schnee vom Winter gibt es an jedem Sonntag um 16 Uhr am Al-

Insider Tip

MIT KINDERN REISEN

bertturm bei Bad Grund. In Hütten, Jugendherbergen und Naturfreundehäusern treffen Kinder und Jugendliche jede Menge Gleichaltrige. Familien finden preiswerte Unterkunft, viele Häuser haben Familienzimmer, Sportgeräte und Räume für Feten.

WILDNIS ERLEBEN IM NATIONALPARK

Wildnis und Natur stecken voller Überraschungen, die Entdeckungsreise mit Ranger und Nationalparkführer ist spannend und schärft die Sinne. Man trifft auf Hexen und Bergtrolle oder beobachtet Wildtiere an den Beobachtungsständen. Informationen über die einzelnen Touren und die Termine gibt es in den acht Nationalparkhäusern, den Rangerstationen und bei den Touristinformationen aller Nationalparkorte. Dort gibt es auch den Jung-Rangerpass mit spannenden Aufgaben und Fragen. *www.nationalpark-harz.de*

DER NORDHARZ

KONRADSBURG [121 D2]

Handwerkeln wie im Mittelalter, essen wie die Ritter, Schmied sein in der historischen Schmiede, aus Lehm Ziegel formen, sehen, wie Korn in einer Wasser- und in einer Windmühle gemahlen wird, der „schwarzen" Köchin Martchen beim Buttern und Brotbacken zuschauen, der Kräutergarten, Ausflüge mit den Rieseneseln – das alles steht für Gruppen ab zehn Kindern in der Konradsburg auf dem Programm. *Förderverein Konradsburg | Tel. 034743/925 65 | Fax 925 63 | www.konradsburg.com | ab 3,50 Euro pro Teilnehmer*

HAUS DER NATUR BAD HARZBURG [113 F5]

Wenn in der recycelten Flipperkiste die Kugel durch den Wald rollt, gibt es keine Punkte, sondern es keimen kleine Buchen. Im „Tatort Wald" erfährt man, dass der „Täter" Borkenkäfer nicht nur ein Bösewicht ist, und man kann die Meinung von Wildkatze, Torfmoos und Auerhuhn hören. Ins „Reich des Luchses" führen Ranger die Kids zu den Wildtierbeobachtungsstationen am Molkenhaus und zum Luchsgehege an der Rabenklippe. *Haus der Natur | Nordhäuser Str. 2b | Tel. 05322/78 43 37*

DER OBERHARZ

KINDERZIRKUS FRIKADELLI [112 C6]

Hier findet jeder seinen Zirkustraum: Einrad fahren, jonglieren, balancieren, Dompteur oder Zirkusprinzessin, Clown oder Akrobat sein. 20 Stunden Zirkusschule mit richtigen Akrobaten im richtigen Zirkuszelt, dazu Ausflüge zum Ziegenbauer, Baden im Teich und zum Schluss eine Aufführung aller Zirkusschüler. Während der Sommerferien einwöchige Kurse, Unterbringung mit den Eltern in Ferienwohnung oder Hotel. *Landhaus Kemper | Buntenbock | Tel. 05323/17 74 | www.landhaus-kemper.de* und *Familie Kellmeraid | Clausthal-Zellerfeld | Marie-Hedwig-Str. 3a | Tel. 05323/402 42 | www.kellmeraid.harz.de*

Früh übt sich, wer später mal „richtig" Walpurgis feiern will

LÖWENZAHNPFAD [114 B5]

Mit „Löwenzahn" auf Spurensuche, Wiese, Wasser und Wald spielend erkunden, Tierspuren erkennen, in morschem Holz entdecken, wer und was dort lebt und krabbelt, Waldmemory und Barfußpfad. *Am Großparkplatz Drei Annen Hohne | tgl. 10–18 Uhr | im Winter geschl. | www.nationalpark-harz.de/kids/images/loewenzahnkarte.jpg*

NATIONALPARKHAUS ST. ANDREASBERG [117 E3]

Insider Tipp

Mit Batman durch die Nacht: Fledermäuse sind Nachttiere, den Tag verschlafen sie in Höhlen und Bergwerksstollen. In der Dämmerung geht es mit einem Nationalparkführer in den Kurpark, wo die Tiere im Flug Beute haschen, die sie mit Ultraschall orten. Diese Schreie macht ein spezielles Gerät hörbar. *Juli/Aug. nach Voranmeldung | Tel. 05582/ 92 30 74 | nationalparkhaus.st-andreasberg@bund.net*

NATIONALPARKHAUS TORFHAUS [117 E1]

„1, 2, 3 – Hexen kommt herbei" und „Mit den Rangern durch den Urwald" sind nur zwei Programme, die zu den Waldgeheimnissen führen. Spannend wird es, wenn mitten im Wald die Hexenprüfung gemacht wird oder man sich mit verbundenen Augen durch den Wald tasten muss. Aber keine Angst – hier muss sich niemand gruseln! *Nationalparkhaus Torfhaus | Tel. 05320/263 | www.torfhaus.info*

DER UNTERHARZ

WESTERNSTADT PULLMAN CITY II [114 C6]

Auf einmal wird die Harzhochfläche bei Hasselfelde zur Prärie. Reiter mit breitkrempigen Hüten, Indianerzelte, Blockhütten tauchen am Horizont auf, schließlich steht man vor einer Westernstadt. In der Stadt trifft man den Sheriff, Buffalo Bill, Indianer, Cowboys und Trapper, es gibt Ponys und Western-Riding, Kutschfahrten, jede Menge Livemusik mit Musikgruppen und Countrysängern, Indianertänze und täglich eine große Westernshow. Anders als im Original vor 150 Jahren ist Gewalt hier jedoch verpönt. Zur Westernstadt gehören ein Museum, ein Goldwäschercamp, ein Abenteuerspielplatz und ein kleiner Zoo, Westernshops und -bars, ein Saloon, das Indianerlager mit Tipis und das Fort.

Übernachten können Sie im „Grand Silver Star Hotel", in Blockhütten, Ranchhäusern und in Tipis (Indianerzelten); im Fort müssen Sie den eigenen Schlafsack mitbringen. Je nach Art des Quartiers €–€€. *Hasselfelde, Tel. 039459/73 10 | Fax 731 10 | www.pullmancity-2.de | April–Okt. tgl. 10–1 Uhr | Eintritt 12 Euro | Kinder ab 1,31 m bis 16 Jahre 8 Euro, Kinder ab 4 Jahre bis 1,30 m 5 Euro*

Heranwachsende „Hexen" tanzen mit dem Teufel auf dem Hexentanzplatz in Thale

> VON ANREISE BIS WETTER

Urlaub von Anfang bis Ende: die wichtigsten Adressen und Informationen für Ihre Harzreise

ANREISE

Das nördlichste deutsche Mittelgebirge ist als Landschaft der geografische Mittelpunkt Deutschlands. Der überwiegende Teil der Harzbesucher kommt mit dem Auto. Und das schafft immer wieder Probleme. Staus und Parkplatznot allenthalben. Überlegen Sie, ob Sie nicht stressfreier mit Bahn und Bus in den Harz kommen und so auch der Umwelt einen Gefallen tun.

AUTO

Vier große Fernstraßen umspannen den Harz: die Nord-Süd-Achse A 7, von deren Ausfahrten Derneburg, Seesen und Göttingen-Nord man schnell am Harzrand ist. Die Ost-West-Achse, die A 2 Berlin–Hannover, hat einen guten Zubringer mit der A 395 Braunschweig–Bad Harzburg. Die B 6 führt von Hildesheim über Goslar nach Quedlinburg. Von der A 14 Magdeburg–Halle führen Landstraßen in den Ostharz. Bis zur Fertigstellung der Südharz-Autobahn A 38 Göttingen–Halle bleibt die B 80 eine überlastete Landstraße.

BAHN

Auf den Strecken zu den Städten am Harzrand verkehren schnelle Regionalzüge meist im Stundentakt, auf Nebenstrecken alle zwei Stunden. In den Harz hinein führen nur noch we-

PRAKTISCHE HINWEISE

nige Bahnlinien: die Harzer Schmalspurbahnen, die Wippertalbahn und die Thyrabahn. Bahnknotenpunkte sind Herzberg, Nordhausen, Goslar, Bad Harzburg, Wernigerode, Halberstadt und Quedlinburg. *www.bahn.de*

BUS

Fernbusse in den Harz fahren von Berlin, im Winter verkehren Skibusse. Das Busnetz im Harz ist dicht, auf den meisten Linien im Ein- und Zweistundentakt. Web-Fahrpläne: *Niedersachsen: www.efa.de | Sachsen-Anhalt: www.nasa.de | Nordhausen: www.bus-verkehr-nordhausen.de | Kyffhäuser: www.vsg-suedharzlinie.de*

AUSKUNFT

HARZER VERKEHRSVERBAND

Marktstr. 45 | 38640 Goslar | Tel. 05321/340 40 | Fax 34 04 66 | www.harzinfo.de

HARZKLUB (WANDERVEREIN)

Bahnhofstr. 5a | 38678 Clausthal-Zellerfeld | Tel. 05323/817 58 | Fax 812 21 | www.harzklub.de

NATIONALPARK HARZ

Lindenallee 35 | 38855 Wernigerode | Tel. 03943/550 20 | Fax 55 02 37, www.nationalpark-harz.de

BADEN

Im Hochsommer sind die Harzer Seen oft wärmer als ihr Ruf. Frei- und Waldbäder sind von Juni bis September geöffnet. Die Flüsse eignen sich meist nur zum Wassertreten. Badeverbote gibt es nur in wenigen Gewässern.

WAS KOSTET WIE VIEL?

KAFFEE	1,60–2,50 EURO	für ein Kännchen
BIER	1,60–2 EURO	für 0,3 l vom Fass
IMBISS	3–4 EURO	für Erbsensuppe mit Wurst
SOUVENIR	AB 2 EURO	für eine Brockenhexe
SPASSBÄDER	AB 3,50 EURO	pro Stunde
BAHN	24 EURO	auf den Brocken und zurück

BAUERNHOF-FERIEN

Zahlreiche Anbieter am Harzrand, z. T. mit Reitmöglichkeiten und Hofläden. Auskunft: *Zentrale für Landurlaub | Heerstr. 73 | 53111 Bonn | Tel. 0228/96 30 20 | Fax 963 02 33 | www.bauernhofurlaub.com*

CAMPING

Der Harzer Verkehrsverband in Goslar gibt gratis ein informatives Heft mit sämtlichen Plätzen im Harz und im Vorharz heraus. Wildes Campen ist nicht erwünscht, und in den Naturschutzgebieten ist es natürlich ohnehin verboten.

Auch sie würde so gern mal ferngucken ...

INTERNET

Im Netz bekommen Sie viele Harz-Informationen: *www.harzpoint.de* | *www.harz.de* | *www.harztourist.de* | *www.harzlife.de* | *www.wandern-im-harz.de* sind gute Portale mit aktuellen Infos.

Viel Hintergrund, Aktuelles und Unbekanntes bringen einige private Webseiten: *www.harzfuchs.de* | *www.harzluchs.de* | *www.magisch-reisen.de/clausthal* | *www.harzgeschichte.de* | *www.jenses-welt.de*

– *www.raymond-faure.com* zeigt über 20 000 Harzfotos.

Insider Tipp – *www.harzregion.de/geopark/landmarken.htm* bietet Infos zu Geologie, Höhlen und Bergwerken.

– *www.wandern.im-harz* mit vielen hilfreichen Links.

– *www.nationalpark-harz.de* mit Links zu Natur und umweltbewusstem Urlaub im Harz.

– *www.harzer.koeche.harz.de* beinhaltet u. a. Rezepte zum Nachkochen.

– *www.harzinfo.de* zeigt den Harz mit einer interaktiven Karte.

– *http://de.wikipedia.org/wiki/Harz_(Mittelgebirge)* ist ein interaktives Lexikon.

INTERNETCAFÉS & W-LAN

Eine im Harz sehr rare Einrichtung: Im *Gut Drebsdorf* bei *Sangerhausen* und im *Vitamar-Bad* bei *Bad Lauterberg* gibt es solche Cafés. Achtung: Vielen Spielhallen („Flippothek") ist ein Internetpoint angeschlossen! Wer nur seine Mails abholen will, kann dazu öffentliche Bibliotheken nutzen, die meist einen Online-Zugang haben.

Drahtlos ins Internet kommt man bisher nur in recht wenigen Hotels, die viel von Geschäftsreisenden und zu Kongressen und Seminaren genutzt werden. Ein ISDN-Anschluss im Zimmer ist etwas verbreiteter.

JUGENDHERBERGEN

Wanderern mit DJH-Ausweis stehen 16 Jugendherbergen und sechs Naturfreundehäuser offen, die meist im Abstand von halb- und ganztägigen Wanderungen liegen. Voranmeldung ist ratsam. *www.jugendherberge.de*

KURORTE & KURTAXE

Reine Luft gibt es fast überall im Harz, und so können sich viele Gemeinden „heilklimatischer Kurort" nennen. Das Prädikat „Bad" ist nur Orten mit heilkräftigen Quellen vorbehalten.

Kurtaxe wird in fast allen Ferienorten fällig, 1–2 Euro pro Tag und

PRAKTISCHE HINWEISE

Person. Dafür erhalten Sie eine *Kurkarte* oder die *Harzer Gastkarte.* Diese gewährt viele Vergünstigungen (s. unter „Preise").

PREISE

So wie die ehemalige Grenze zwischen Ost- und Westteil des Mittelgebirges kaum noch spürbar ist, haben sich auch die Preise angeglichen. Viele Orte haben Gästekarten eingeführt, die es bei Entrichtung der Kurtaxe gibt. Die Heftchen enthalten Bonusschecks für viele touristische Angebote.

Der Eintritt in die Museen, Höhlen und Besucherbergwerkwerke liegt zwischen 3 und 8 Euro, für Stadtführungen müssen Sie mit 3–5 Euro rechnen. Bei Bus und Bahnen, Museen und Galerien lohnt es, Kombitickets zu nutzen. Die Harzer Schmalspurbahnen bieten Kombitickets für Familien und Urlauber – einmal zahlen, mehrfach fahren ist die Devise. Nach dem gleichen Prinzip funktioniert die Museumskarte etwa in Goslar, Halberstadt oder Quedlinburg. Mit ihr können dort mehrere Museen besichtigt werden.

VERANSTALTUNGSKALENDER

Infoblätter verteilen die Kurverwaltungen und Touristinformationen. Umfassend sind die beiden Monatsmagazine, die gratis überall ausliegen: Die „Hexe" bringt mehr Szenetipps, die „Brockentipps" mehr zu traditionellen Veranstaltungen und Ausflügen. Im Web: *www.harzinfo.de*

WETTER

Ziehen Sie sich richtig an! Das Klima ist rau, das Wetter oft sehr launisch. Wenn unten in den Tälern kurze Ärmel angesagt sind, dann kann oben auf Wurmberg oder Brocken der Winterpulli nötig sein.

Präziser und aktueller als die Wetterberichte im Radio (MDR, NDR, Radio Brocken) sind der Wetter- und Wintersportbericht des *Harzer Verkehrsverbandes (Tel. 05321/200 24 u. 200 25),* die Fremdenverkehrsbüros und *www.harzinfo.de.*

WETTER IM HARZ

	Jan.	Feb.	März	April	Mai	Juni	Juli	Aug.	Sept.	Okt.	Nov.	Dez.
Tagestemperaturen in °C	0	3	5	9	14	18	19	19	16	10	4	1
Nachttemperaturen in °C	-5	-5	-2	1	5	8	11	10	8	4	0	-3
Sonnenschein Std./Tag	2	3	4	6	7	7	6	6	5	4	2	1
Niederschlag Tage/Monat	21	18	16	17	16	15	18	16	15	17	19	19

> Die Seiteneinteilung für den Reiseatlas finden Sie auf dem hinteren Umschlag dieses Reiseführers.

REISEATLAS HARZ

LISTRINGEN
Grasdorf
Rhene
Oelber am weißen Wege
Elberberg
Gustedt
SAL
Schloss
HOCKELN
Derneburg
Binder
Zur Rast
Groß Elbe
Kanzelberg
207
208
Holle
Baddeckenstedt
Elbe
Sottrum
Dreieck Salzgitter
Klein Elbe
Steinlah
Freizeitpark
Hackenstedt
Sillium
Klein Heere
Heere
Groß Heere
Heinecken-rode
256
Söder
Buchberg
Burg Wohldenberg
218
Gut Nienhagen
Jägerturms-köpfe
251
Haverlah
Gut Söderhof
220
NETTE
WERDER
(113)
SCHLEWECKE
Sehlde
RINGELHEIM
Landes-krankenhaus
Kalter Buschkopf
299
226
Papenberg
(139)
Ambergau
Hainberg
BÜLTUM
VOLKERS-HEIM
BÖNNIEN
STÖRY
ILDE
HARY
Westerberg
242
Alt Wallmoden
291
Papenberg
Bodensteiner Klippen
283
Neuwallmoden
235
BOCKENEM
(113)
MAHLUM
Wallmoden
310
Windenberg
Upen
Bodenstein
Bockenem
(165)
Lutter am Barenberge
Ostlutter
KÖNIGS-DAHLUM
ORTSHAUSEN
BORNUM AM HARZ
Nauen
Ammenhausen
JERZE
BREDELE
Birkenberg
261
Glashütte
WOHLEN-HAUSEN
Drögenberg
Rhode
Wildemeersberg
261
Deutsche Fachwerkstr.
266
Osterköpfe
328
Deutsche Alleenstraße
Kolonie Karlsfund
Rhüden (Harz)
Ödishausen
LANGELS-HEIM
(212)
Hagen
Heuberg
263
Hahausen
(230)
RHÜDEN
Ober-panshausen
339
Langenberg
Neuekrug
Voßtalerberg
485
Unter-panshausen
Vw. Klingenhagen
Sangenberg
566
Gr. Bakenberg
526
204
Heber
MECHTSHAUSEN
„Harz"
Langenberg
Groß Krautliet
491
Innerste-stausee
REMSHEIM
BORNHAUSEN
572
Hohenstein
WOLFS-HAGEN
(250)
Schildberg
276
Ruine Wohlenstein
SEESEN
(250)
ACKEN-HAUSEN
BILDERLAHE
Brau- und Hochzeitshaus
Rote Klippe
Ecksberg
557
Seesen (Harz)
Sanatorium Schildautal
Gr. Trogtaler Berg
609
Heimberg
605
324
Lauseberg
ENGELADE
LAUTENTHAL
DANNHAUSEN
HERRHAUSEN
591
HAHNEN
Oberharz
Netteberg
257
Neckelnberg
HACHEN-HAUSEN
Staatsf. Lautenthal
MÜNCHEHOF
BOCKSWIESE
HARRIEHAUSEN
KIRCHBERG
Eselsberg
584
ILDE-HAUSEN
288
Torenberg
Adlersberg
615
WILDEMANN
Vogelberg
336
Domäne Fürstenhagen
Hasenberg
572
Wiershausen
Hohe Rott
330
Staatsf.
Ruine Stauffenburg
563
Albertturm
Hübichenstein
Iberger Tropfsteinhöhle
Einersberg
591
Oldenrode
Domäne Stauffenburg
Seesen II
Lauseberg
343
Düderode
379
BAD GRUND (Harz)
(325)
CLAUS-THAL-
Bergwerksmus.
3km
Gittelde
(211)
Laubhütte
599
Seidelskopf
579
Vogelsang
Oldershausen
Windhausen
Aue
Rolandskopf
321
Teichhütte
242
Willershausen
Willensen
291
Baden-hausen
Bornsberg
566
116

SALZGITTER
BAD
LOBMACHTERSEN
FLACHSTÖCKHEIM
CALBECHT
BEINUM
OHLENDORF
GROSS MAHNER
Nienrode
Klein Mahner
Groß Flöthe
Flöthe
Klein Flöthe
Calenberg
Dorstadt
Westerberg
Groß Biewende
Deutsche Fachwerkstraße
Bornum
Klotzberg
Alpen-Ostsee
Börßum
Heiningen
Werlaburgdorf
Mönchebera
Achim
Achimer Berg
Altenrode
Burgberg
Gielde
Lüderode
Ruine Werla
HORNBURG
Schladen-Nord
Schlangenfarm
Isingerode
Galgenberg
Neuenkirchen
Meiersberg
Bärenkopf
Liebenburg
Schladen
Heimerode
Othfresen
Groß Döhren
Klein Döhren
Wehre
Schladen-Süd
Göddeckenrode
Rimbeck
Bühne
Heissum
Kunigunde
Querberg
Oheberg
Beuchte
Lengde
LENGDE
Warberg
Wülperode
Stötten
Suderode
WEDDINGEN
Harlyberg
Dörnten
Kuckucksberg
HAHNDORF
Wöltingerode
Vienenburg
WIEDELAH
Wasserburg
Pfeifenberg
IMMENRODE
Wennerode
Kleinsthofsiedlung
Gut Grauhof
JERSTEDT
VIENENBURG
Eisenbahnmuseum
Vienenburg-Ost/Osterwieck
LOCHTUM
Gut Ohlhof
ASTFELD
Staatsgut Riechenberg
JÜRGENOHL
Wartturm
HARLINGERODE
Gut Radau
BETTINGERODE
Abbe
Steinberg
Neuwerk
Petersberg
Rathaus Kaiserpfalz
OKER
Langenberg
SCHLEWECKE
WESTERODE
GOSLAR
Bergbaumuseum Rammelsberg
Rammelsberg
OKERTAL
GÖTTINGERODE
Adenberg
BÜNDHEIM
Butterberg
BAD HARZBURG
Eckertal
Goslarer Stadtforst
Brautstein
Okertal
Kästeklippe
Gr. Burgbg.
Rabenklippe
Kaltetalskopf
Zwißelkopf
Schleifsteinberg
Dicker Kopf
Wasserfall
Molkenhaus
Forst Ilsenburg
Whs. Auerhahn
Schalke
Gr. Wiesenberg
Radaufälle
Hasselkopf
Gierskopf
Schulenberg im Oberharz
Okerstausee
Marienteichbaude
Radauberg
Eckerstausee
Erlebnisstr. der deutschen Einheit
Oberer
Meineckenberg
CLAUSTHAL-ZELLERFELD
Bergstadt
Kellwasser
Abbenstein
Nationalpark
Kl. Brocken
Brocken
Mittelberg
Leistenklippe
Nationalpark-information
Torfhaus
Quitschenberg
Museum
Rennecken
Hellertaler Graben
ALTENAU
Harz
Harzer Hexenstieg
Wolfswarte
Bruchberg
Forst Schierke
Oderteich
Oderbrück
Schierke

117

Fallstein
Straße der Romanik
OSTERWIECK
Rimbeck
Bühne
Hoppenstedt
113
Deersheim
Wülperode
Stötterlingen
Suderode
Dardesheim
WIEDELAH
Wasserburg
Lüttgenrode
Aue
Wennerode
Deutsche Alleenstraße
Berßel
Vienenburg-Ost/Osterwieck
Schauen
Zilly
Burg Zilly
LOCHTUM
Erlebnisstraße der deutschen Einheit
Abbenrode
Wasserleben
BETTINGERODE
Straße der Romanik
Langeln
Mulmke
Lerchenfeld
Saßberg
Ilse
Veckenstedt
Heudeber
Stapelburg
Eckertal
BAD HARZBURG
ILSENBURG
Schmatzfeld
Reddeber
MINSLEBEN
Rabenklippe
Kattetalskopf
Zwißelkopf
Drübeck
Lustberg
Klosterkirche
Schloss
Altenrode
Forst Ilsenburg
Gierskopf
Darlingerode
WERNIGERODE
Rathaus
Schloss
Sankt Sylvester
Ilsefälle
Oberer Meineckenberg
Wildpark
Fenstermacherberg
NÖSCHENRODE
HASSERODE
Steinerne Renne
Nationalpark
Kl. Brocken
Deutsche Fachwerkstraße
Brocken
Museum
Hexenstieg
Hilmersberg
Büchenberg
Renneckenberg
Hohneklippen
Schaubergwerk
Ilse-Quelle
Ortberg
Jasperode
Forst Schierke
Feuersteinklippen
Drei Annen Hohne
ELBINGERODE (Harz)
Harz
Kalk
Kaltestal
Schierke
Besucherberg
RÜBELAND
Wurmberg
Winterberg
Baumannshöhle
Schnarcherklippen
Gr. Hornberg
Kalk
Königskrug
Elend
Rothehütte
Hahnenkopf
Hermannshöhle
Bodefall
Königshof
Susenburg
Kalte Bode
KÖNIGSHÜTTE
Königshütte
Rappbodetalsperre
Harzer Hexenstieg
Rauher Jacob
BRAUNLAGE
Warme Bode
Rabenstein
Hasselkopf
Trageburg
Tanne
Grenzmuseum
Sorge
TRAUTENSTEIN
Butterkopf
Rotack
Wolfsberg
Hohegeiß
118

D
E
F
Eilsdorf
Anderbeck
Deutsche Alleenstraße
Dingelstedt am Huy
Eilenstedt
Haus Nienburg
Huy-Neinstedt
Wilhelmshall
Arbkethal
Röderhof
Huysburg
Mönchhai
Kloster Huysburg
Buchenberg 314
Paulskopfwarte
SCHWANEBECK
Straße der Romanik
Deutsche Alleenstraße
Aspenstedt
Sargstedt
Athenstedt
Groß Quenstedt
Holtemme
EMERSLEBEN
NEU RUNSTEDT
Straße der Romanik
Schachdorf Ströbeck
SARGSTEDTER SIEDLUNG
KLEIN QUENSTEDT
Vorwerk Emersleben
Danstedt
WEHRSTEDT
Liebfrauenkirche
Dom
Veltenmühle
HALBERSTADT
Mahndorf
Deutsche Fachwerkstraße
Kleiberg
Deutsche Alleenstraße
DERENBURG
Jagdhaus
Tiergarten
Spiegelsberge
Wilhelmshöhe
Harsleben
Böhnshausen
Langenstein
KLUSSIEDLUNG
Gedenkstätte Zwieberge
Heidberg
Hoppelberg
Goldbach
MÜNCHENHOF
Ruine Regenstein
BÖRNECKE
Westerhausen
Zapfenbach
SIEDLUNG GEHREN
Straße der Romanik
BORNHOLZ-WEGSIEDLUNG
Rathaus
Schlossberg
Stiftskirche
Helsungen
BURG
Brauner Sumpf
Cattenstedt
Teufelsmauer
Timmenrode
QUEDLINBURG
Hüttenrode
Jordansbach
WARNSTEDT
Weddersleben
Krautberg
Wienrode
THALE
Teufelsmauer
Neinstedt
Neuwerk
Almsfeld
Talsperre Wendefurth
Krugberg
BENNECKENRODE
Bode
Münchenberg
Wendefurth
Rosstrappe
Bergtheater
Stecklenberg
Rappbode-Talsperre
Altenbrak
Bodetal
Hexentanzplatz
Georgshöhe
Kalziumquelle
Stiftskirche
Gr. Stemberg
Rabensteine
Lauenburg
Bad Suderode
GERNRODE
Treseburg
Ramberg
Mailaubenkopf
Harz
Harzer Hexenstieg
Glashüttenkopf
SELFELDE
Friedrichsbrunn
Viktorshöhe
Allrode
Stiege
Erichsburg
Ellernberg
MÄGDES
3km
119

112
Wiershausen
Hohe Ruth
Ruine Stauffenburg
Domäne Stauffenburg
Oldenrode
Düderode
Seesen II
Gittelde
(211)
Oldershausen
Vogelsang
Willershausen
Rolandskopf
321
Willensen
Teichhütte
Westerhof
Eisdorf
Deutsche Fachwerkstraße
NIENSTEDT
Bornberg
301
299
Brunstein
ELVERSHAUSEN
Marke
Büchenberg
241
Rhume
Berka
Katlenburg-
Heidberg
Duhm
Katlen-B.
Wachenhausen
Lindau
Oder
Max-Planck-Institut
Gillersheim
Wehberg
298
Bilshausen
227
Großer Berg
Renshausen
Bodensee
Höherberg
Hoher Stieg
Holzerode
Krebeck
Deutsche Alleenstraße
Wollbrandshausen
Ebergötzen
Europäisches Brotmuseum
Seeburg
Seeburger See
Waake
Seulingen
Landolfshausen
Mackenrode
Deutsche Märchenstraße
Suhle
Falkenhagen
Ottenberg
277
Riekenrode
Sattenhausen
Wöllmarshausen
Himmigerode
NESSELRÖDEN
Lauseberg
343
Laubhütte
Windhausen
291
Neuhütte
(170)
Badenhausen
R. Hindenburg
270
Oberhütte
KATZENSTEIN
Söse
LASFELDE
PETERSHÜTTE
FÖRSTE
Schulberg
257
Ruine Pipinsburg
FREIHEIT
Ruine Lichtenstein
261
OSTERODE
am Harz
(230)
300
DORSTE
Moosberg
UHRDE
Beierfelde
312
Rosenberg
Sonnenberg
239
SCHWIEGERSHAUSEN
Himmelsberg
250
Wulften
Klusberg
260
Hörden
275
Hattorf
am Harz
Bilshäuser Kopf
236
Rotenberg
263
Heimkenberg
Gieboldehausen
(155)
Kleiner Lohberg
194
Rollshausen
201
Brückenberg
Bernshausen
198
Germershausen
Rüdershausen
Obernfeld
Esplingerode
198
Hörberg
Desingerode
WESTERODE
WERXHAUSEN
DUDERSTADT
Sulberg
226
Kloster
Rathaus
MINGERODE
Untereichsfeld
Hasenberg
572
563
Albertturm
Hübichenstein
Iberger Tropfsteinhöhle
Teufelstal
BAD GRUND
(Harz)
(325)
599
WILDEMANN
Lauthentals Glück
591
Einersberg
Oberharz Bergwerksmus.
CLAUSTHAL-
Seidelskopf
579
Naturpark
Bornsberg
566
Knöppelberg
421
LERBACH
472
423
Sösenkopf
Scheerenberg
Eulenburg
Augustental
304
Klinkerbrunnen
DÜNA
Jettenhöhle
Krücker
330
Deutsche Fachwerkstraße
Mühlenberg
Elbingerode
281
Ochsenberg
Auekrug
König Heinrichs Vogelherd
Mittelberg
236
Wollershausen
Lütgenhausen
Rhumequelle
Rhumspringe
239
Spitzenröder Berg
Kuhhirtsberg
270
Hilkerode
Hübental
Breitenberg
Langenhagen
Fuhrbach
Deutsche Fachwerkstraße
Ecklinge
GERBLINGERODE
116

ELLERFELD
(Bergstadt)
(560)
ALTENAU
deutschen Einheit
Kellwasser
Mittelberg
667
Leistenklippe
Nationalpark-Information
Torfhaus
Abbenstein
769
113
Oberer
644
Meineckenberg
Kl. Brocken
1019
Brocken
1142
Museum
Quitschenberg
882
1033
1044
Ilse-Quelle
Forst Schierke
951
Hellertaler Graben
567
Staatsforst
242
918
Wolfswarte
927
Bruchberg
Nationalpark
Oderteich
Oderbrück
Harzer Hexenstieg
Harz
Schierke
Sonnenberger Weghaus
17
Achtermannshöhe
925
Wurmberg
971
Kl. Winter
837
Wolfskopf
669
Kamschlacken
Deutsche Fachwerkstraße
Schluft
853
Gr. Sonnenberg
Königskrug
Rehberg
893
762
Bodefall
Gr. Breitenberg
860
711
811
Auf dem Acker
Kuppe
729
680
BRAUNLAGE
Erlebnisstr. der deutschen
Warme
749
596
Rohrtalskopf
Königsberg
Samson
SANKT ANDREASBERG
(630)
612
Hasselkopf
SIEBER
Freizeitpark
Sieber
Glockenturm
649
Langfast
606
579
Koboltstaler Köpfe
673
Silberhütte
626
Breitenberg
625
Adlersberg
593
25
684
Groß Knollen
687
Naturpark
Staatsforst
Oder
Stausee
Hammerhütte
Eichelnkopf
546
ERZBERG
Harz
Odertal
Bismarckturm
718
Stöberhai
Wagnerskopf
633
(300)
BAD LAUTERBERG
im Harz
536
Lauterberg
645
Quitschenkopf
Steinkirche
Einhornhöhle
Ruine Scharzfels
Vitamar
Kirchberg Therme
504
Käseberg
Wieda
(339)
Zorge
660
Berghotel
495
Staufenberg
27
Kühle
298
BARBIS
(270)
Oderfeld
Königshütte
Wiesenbeker Teich
582
Nesselkopf
Wieda
BAD SACHSA
Walkenried
(275)
Erlebnisstr. der dt. Einheit
Königshagen
Westerstein
359
BARTOLFELDE
362
487
Salztal Paradies
STEINA
(320)
OSTERHAGEN
Gr. Bornberg
323
1,5
346
Heideberg
Karstwanderweg
Klostermuseum
356
Kuhtalsberg
243
Weilrode
Bahnhof Tettenborn
NEUHOF
Römerstein
Silkerode
323
TETTENBORN
Grenzmuseum
Branderode
Wunderberg
303
Bockelnhagen
Allerburg
Klettenberg
265
Obersachswerfen
Zwinge
Mackenrode
Tellenberg
320
Ichte
Limlingerode
Holbach
Stöckey
Hohenstein
292
Weißenborn-Lüderode
Helme
Pützlingen
Gerode
Schiedungen
Erlebnistr. der dt. Einheit
321
Epschenrode
3km
Rolandsberg
250
Etzelsrode
242
Trebra
Gratzungen
Wenderhütte
446
Bischofferode
Wernin
360
118
Friedrichsthal
Immenrode
Bliedungen
Königsthal

deutschen Einheit
114
Hasselkopf
Tanne
Sorge
Grenzmuseum
Warme Bode
Rabenstein
Trageburg
Harzer Hexenstieg
TRAUTENSTEIN
Butterkopf
Rotacke
Vord.-Ebersberg
Hohegeiß
(640)
Wolfsberg
BENNECKEN-
STEIN
Carlshaushöhe
Wagnerskopf
Buchenberg
Rauhe Höhe
Zorge
Hoheharz
Großer Ehrenberg
ROTHESÜTTE
Sophienhof
Eisfelder Talmühle
Staufenberg
Erlebnisstr. der deutschen Einheit
Sülzberg
Zwergsberg
Butterberg
SÜLZHAYN
Christianenhaus
Schaubergwerk Rabensteiner Stollen
Netzkater
Talbraurerei
Poppenberg
ELLRICH
Walken-
ried
(275)
WERNA
APPENRODE
Ilfeld
Wiegersdorf
Osterode
Kloster-
museum
Langenberg
Branderode
Wiedigshof
GUDERS-
LEBEN
WOFFLEBEN
Nieder-
sachs-
werfen
Harzungen
Klettenberg
Obersachswerfen
Liebenrode
Mauderode
Wieda
HÖRNINGEN
Holbach
Steinsee
Stöckerberg
Gedenkstätte Dora
Schnabelmühle
Rüdigsdorf
KRIMDERODE
Erlebnisstr. der dt. Einheit
Pützlingen
Günzerode
HOCHSTEDT
NORD-
HAUSEN
Haferungen
HERREDEN
Rolandsberg
Etzelsrode
SALZA
Gratzungen
Kleinwechsungen
Dom zum hl. Kreuz
Rathaus
Immenrode
XII/2009
HESSERODE
Königsthal
Groß-
wechsungen
Werther
Fronderode
Klein
Werther
Kehmstedt
Stacksberg
Kiekendorfer Berg
Schern
Werther
SUNDHAUSEN
Groß
Werther
Butterberg
Nordhausen
STEIN-
BRÜCKEN
EICHERODE OST
Wipperdorf
Schate
Pustleben
Wipper
Mörbach
Uthleben
BLEICHE-
RODE
Wollersleben
Nohra
Kinderode
Hain
Bleicherode
ELENDE
Hühnstein
Großlohra
Münchenlohra
Wolkrams-
hausen
Rüxleben
Kleinfurra
Nieder-
gebra
Groß-
wenden
Kleinwenden
Hainrode
Ludwigshall
Friedrichs-
lohra
Neuheide
Wernrode
Schacht
Immenrode
3km
Straußberg

115
GERNRODE
Harz
Treseburg
Rabensteine
Mailaubenkopf 494
Glashüttenkopf 479
504
SELFELDE (462)
Friedrichsbrunn
Viktorshöhe 582
436
Allrode
Stiege
Erichsburg
Ellernberg 491
MÄGDES
Bärenrode
GÜNTERSBERGE
Albrechtshaus
ALEXISBAD
Siptenfelde
HARZGERODE
(395)
FRIEDRICHS-HÖHE
500
456
Hirschbuchenkopf
595 Schalliete
Breitenstein
Straßberg
SILBER-HÜTTE
445
Neudorf
Birkenkopf 600
Bergbaumuseum Glasebach
448
Dankeröder Berg
467
Josephskreuz
Hainfeld
Schloss
420
580
Großer Auerberg
Martinikirche
Fachwerkhäuser
STOLBERG
„Thyragrotte"
Schwenda
Hayn
Wipper
Sperberhöhe
465
419
Neuhaus
Paßbruch
WOLFSBERG
Deutsche Fachwerkstraße
Biosphärenreservat
Karlsrode
BREITEN-BACH
Rodishain
467
Alter Stolberg 350
Stempeda
409
Dietersdorf
STEIGERTHAL
Rottleberode
440
Hoher Kopf 457
Karstlandschaft
Heimkehle
Breitungen
Uftrungen
325 Reesberg
Agnesdorf
Questenberg
Karstwanderweg
351 Hoher Kopf
Wickerode
194
Urbach
251 Rodeberg
Rosperwenda
Berga
Roßla
Dittichenrode
208
Windehausen
Görsbach
Bösenrode
Berga
Bennungen
Helme
Aumühle 158
THÜRINGEN
Talsperre Kelbra
KELBRA
SITTENDORF
Auleben
Rothenburg
Burg Kyffhausen
Tilleda
308
Kulpenberg
439
Kaiserpfalz
Humboldtsches Schloss
Stöckey
474
Kyffhäuser-denkmal
Naturpark
340
Königslehde
Badra
240
Kyffhäuser
Kyffhäuser Gebirge
Schersen
Steinthaleben
Rathsfeld
Barbarossahöhle
374

Straße der Romanik
A
B
C
115
BORNHOLZ-WEDDERSLEBEN
MORGENROT
QUEDLINBURG
Schlossberg
Rathaus
Stiftskirche
Seweckenberge
215
BADEBORN
Timmenrode
WARNSTEDT
Weddersleben
GERSDORFER BURG
Ruhmberg
THALE
184
Bode
Teufelsmauer
Neinstedt
QUARMBECK
164
Straße der Romanik
Asmusstedt
Münchenberg
248
Stecklenberg
16
Rieder
Roseburg
Bergtheater
349
Georgshöhe
Lauenburg
Bad Suderode
Kalziumquelle
Stiftskirche
GERNRODE
OPPERODE
Schloss
Bismarckturm
BALLENSTEDT
(220)
478
Mailaubenkopf
494
Ramberg
Harz
13
185
371
Mansfelder
Selketal
Burg Falkenstein
Viktorshöhe
582
MÄGDESPRUNG
Burg Anhalt
Erichsburg
Ellernberg
491
383
ALEXISBAD
404
Leineberg
330
242
Siptenfelde
HARZGERODE
(395)
Leinemühle
456
Hirschbuchenkopf
SILBERHÜTTE
445
Molmerswende
14
G.-A.-Bürger-Museum
Straßberg
Schielo
Steinbrücken
Bergbaumuseum Glasebach
Neudorf
412
Königerode
242
377
Hermerode
448
Dankeröder Berg
Dankerode
Braunschwende
Popperode
467
Wipper
Schiefergraben
384
Wippra
Unterharz
Vorsperre Wipper
Hayn
465
Sperberhöhe
419
Neuhaus
Hayda
WOLFSBERG
Paßbruch
413
Bodenschwende
Karlsrode
BREITENBACH
ROTHA
467
HORLA
445
GRILLENBERG
Dietersdorf
WETTELRODE
MORUNGEN
440
Hoher Kopf
457
Karstlandschaft
LENGEFELD
Hainrode
Meuserlengefeld
Breitungen
Karstwanderweg
2
Agnesdorf
Questenberg
GROSS-LEINUNGEN
Südharz
310
351
Hoher Kopf
(158) Pfeiffersheim
Kleinleinungen
Wickerode
Drebsdorf
320
Großer Buchberg
SANGERHAUSEN
Berga
Roßla
119
Dittichenrode
Wallhausen

Nachterstedt
Frose
ASCHERS-LEBEN
Giersleben
Warmsdorf
REINSTEDT
Straße der Romanik
Sankt Stephani
Groß Schierstedt
KLEIN SCHIERSTEDT
SINSLEBEN
ERMSLEBEN
Westdorf
Mehringen
Drohndorf
Wipper
Konradsburg
ENDORF
Kalkberg
Welbsleben
Quenstedt
Freckleben
Arnstedt
NEUPLATENDORF
WIESERODE
Harkerode
Arnstein
Sylda
Lohberg
Pfersdorf
SANDERS-LEBEN
Ulzigerode
Alterode
Eine
Wiederstedt
Schwennecke
Stangerode
Willerode
Walbeck
HETTSTEDT
Scheerenberg
Bräunrode
Ritterode
BURGÖRNER ALTDORF
Welfes
Friedrichrode
Meisberg
Schloss (Mansfeld-Museum)
Greifenhagen
Saurasen
Rödgen
WALD-SIEDLUNG
GRÄFENSTUHL
BIESENRODE
LEIMBACH
GROSSÖRNER
Siersleben
Hirtenb
Thondorf
MANSFELD
Rammelburg
VATTERODE
Schloss
Hübitz
Augs
Kohlberg
PISKABORN
Wimmelrode
Kloster-mansfeld
MÖLLENDORF
Blumerode
Baumrode
Benndorf
GORENZEN
SIEBIGERODE
VOLKSTEDT
Ziegelrode
Helbra
ANNARODE
LUTHERSTADT EISLEBEN
Ahlsdorf
Kreisfeld
Lutherhäuser
Pölsfeld
Hergisdorf
OBERSDORF
Wimmel-burg
Straße der Romanik
Blankenheim
Birkenschäferei
Emseloh
Osterberg
WOLFERODE
Neckendorf
Klosterode
RIESTEDT
Schmalzerode
Bischofrode
TAUBEN-BERG
Neuglück
Holden-stedt
Steinberg
Beyer-naumburg
Äbtischrode
Bornstedt
Rosarium
3km
Sittichenbach
Markt
Beinschuh
Othal
Lieder
Osterhausen
Groß-osterhausen
ROTHEN-SCHIRMBACH
Holzze

KARTENLEGENDE

Autobahn · Gebührenpflichtige Anschlussstelle · Gebührenstelle · Anschlussstelle mit Nummer · Rasthaus mit Übernachtung · Raststätte · Kleinraststätte · Tankstelle · Parkplatz mit und ohne WC	Trento 11	Motorway · Toll junction · Toll station · Junction with number · Motel · Restaurant · Snackbar · Filling-station · Parking place with and without WC
Autobahn in Bau und geplant mit Datum der Verkehrsübergabe	Datum Date	Motorway under construction and projected with completion date
Zweibahnige Straße (4-spurig)		Dual carriageway (4 lanes)
Fernverkehrsstraße · Straßennummern	14 E45	Trunk road · Road numbers
Wichtige Hauptstraße		Important main road
Hauptstraße · Tunnel · Brücke		Main road · Tunnel · Bridge
Nebenstraßen		Minor roads
Fahrweg · Fußweg		Track · Footpath
Wanderweg (Auswahl)		Tourist footpath (selection)
Eisenbahn mit Fernverkehr		Main line railway
Zahnradbahn, Standseilbahn		Rack-railway, funicular
Kabinenschwebebahn · Sessellift		Aerial cableway · Chair-lift
Autofähre		Car ferry
Personenfähre		Passenger ferry
Schifffahrtslinie		Shipping route
Naturschutzgebiet · Sperrgebiet		Nature reserve · Prohibited area
Nationalpark, Naturpark · Wald		National park, natural park · Forest
Straße für Kfz. gesperrt		Road closed to motor vehicles
Straße mit Gebühr		Toll road
Straße mit Wintersperre	XII-II	Road closed in winter
Straße für Wohnanhänger gesperrt bzw. nicht empfehlenswert		Road closed or not recommended for caravans
Touristenstraße · Pass	Weinstraße 1510	Tourist route · Pass
Schöner Ausblick · Rundblick · Landschaftlich bes. schöne Strecke		Scenic view · Panoramic view · Route with beautiful scenery
Heilbad · Schwimmbad		Spa · Swimming pool
Jugendherberge · Campingplatz		Youth hostel · Camping site
Golfplatz · Sprungschanze		Golf-course · Ski jump
Kirche im Ort, freistehend · Kapelle		Church · Chapel
Kloster · Klosterruine		Monastery · Monastery ruin
Synagoge · Moschee		Synagogue · Mosque
Schloss, Burg · Schloss-, Burgruine		Palace, castle · Ruin
Turm · Funk-, Fernsehturm		Tower · Radio-, TV-tower
Leuchtturm · Kraftwerk		Lighthouse · Power station
Wasserfall · Schleuse		Waterfall · Lock
Bauwerk · Marktplatz, Areal		Important building · Market place, area
Ausgrabungs- u. Ruinenstätte · Bergwerk		Arch. excavation, ruins · Mine
Dolmen · Menhir · Nuraghen		Dolmen · Menhir · Nuraghe
Hünen-, Hügelgrab · Soldatenfriedhof		Cairn · Military cemetery
Hotel, Gasthaus, Berghütte · Höhle		Hotel, inn, refuge · Cave
Kultur		**Culture**
Malerisches Ortsbild · Ortshöhe	WIEN (171)	Picturesque town · Elevation
Eine Reise wert	★★ MILANO	Worth a journey
Lohnt einen Umweg	★ TEMPLIN	Worth a detour
Sehenswert	Andermatt	Worth seeing
Landschaft		**Landscape**
Eine Reise wert	★★ Las Cañadas	Worth a journey
Lohnt einen Umweg	★ Texel	Worth a detour
Sehenswert	Dikti	Worth seeing
Ausflüge & Touren		**Excursions & tours**

REGISTER

Im Register sind alle in diesem Band erwähnten Orte und Ausflugsziele verzeichnet. Halbfette Seitenzahlen verweisen auf den Haupteintrag, kursive auf ein Foto.

> SCHREIBEN SIE UNS!

Liebe Leserin, lieber Leser,

wir setzen alles daran, Ihnen möglichst aktuelle Informationen mit auf die Reise zu geben. Dennoch schleichen sich manchmal Fehler ein – trotz gründlicher Recherche unserer Autoren/innen. Sie haben sicherlich Verständnis, dass der Verlag dafür keine Haftung übernehmen kann.

Wir freuen uns aber, wenn Sie uns schreiben.

Senden Sie Ihre Post an die MARCO POLO Redaktion, MAIRDUMONT, Postfach 31 51, 73751 Ostfildern, info@marcopolo.de

IMPRESSUM

Titelbild: Bach in der Steinernen Renne (Bilderberg: Gerner)
Fotos: Alte Weberei (15 o.); Ambiente Hotelbetriebs GmbH (96 M. r.); H. Bausenhardt (127); Bilderberg: Gerner (1); H. Bothe (96 o. l.); A. Brede (12 o.); Die Butterhanne & Tiffany's Club Butterhanne Gastro GmbH (13 u.); FAN travelstock: Elert (105), Lubenow (8, 42/43, 46, 82/83, 102/103); R. Freyer (3 M., 4 l., 5, 6/7, 28, 38, 54/55, 67, 108); R.-D. Friedrich (96 u. l.); Glasmanufaktur Harzkristall (97 o. l.); HARZ-Agentur GmbH (97 M. l.); HB Verlag: Johaentges (22, 22/23, 73, 74), Spitta (U. l., U. M., U.r., 2 l., 2 r., 30/31, 62, 79, 93, 100, 104); H. Hörseljau (16/17, 20/21, 71, 90/91, 94/95, 110/111); Huber: Damm (34/35), Gräfenhain (60/61, 68/69, 72, 76, 92), Huber (98/99); G. Jung (44); Laif: Daams (23, 89), Kreuels (50/51); IFA-Bilderteam: v. Stroheim (32); Mauritius: Waldkirch (27); J. Meusel (13 o.); J.-H. Mevers: Burg im Zwinger (97 u. r.); G. Pambor (3 l.); PhotoPress: Krawulsky (87), Rose (3 r., 11), Schlierbach (85); Picture Alliance: dpa/Schutt (58), Zentralbild/Förster (28/29, 29); Skyrope Hochseilpark (14 o.); W. Spitta (4 r., 19); Stadtmarketing Bad Harzburg (12 M., 15 u.); Stockfood: Teubner (26); ¡Stockphoto: Stewart (97 M. r.), Vidmar (96 M. l.); K. Teßmer (14 u.); Transit: Allner (59), Feldhoff&Martin (56), Meinhardt (101), Spitta (48, 80/81); Visum: Sobotta (24/25); WEG DER MITTE gem. e. V.: Kloster Gerode (12 u.); White Star: Friedrichsmeier/Mendzigall (36/37), Friedrichsmeier/Spitta (41, 52, 64/65)

3. (10.), aktualisierte Auflage 2008

Verlegerin: Stephanie Mair-Huydts; Chefredaktion: Michaela Lienemann, Marion Zorn
Autoren: Hans Bausenhardt; Redaktion: Arnd M. Schuppius
Programmbetreuung: Leonie Dlugosch, Nadia Al Kureischi; Bildredaktion: Gabriele Forst, Stephan Moll
Szene/24h: wunder media, München; Kartografie Reiseatlas: © MAIRDUMONT, Ostfildern
Innengestaltung: Zum goldenen Hirschen, Hamburg; Titel/S. 1–3: Factor Product, München

Printed in Germany. Gedruckt auf 100% chlorfrei gebleichtem Papier

FÜR IHRE NÄCHSTE REISE

gibt es folgende MARCO POLO Titel:

DEUTSCHLAND
Allgäu
Amrum/Föhr
Bayerischer Wald
Berlin
Bodensee
Chiemgau/Berchtesgadener Land
Dresden/Sächsische Schweiz
Düsseldorf
Eifel
Erzgebirge/Vogtland
Franken
Frankfurt
Hamburg
Harz
Heidelberg
Köln
Lausitz/Spreewald/Zittauer Gebirge
Leipzig
Lüneburger Heide/Wendland
Mark Brandenburg
Mecklenburgische Seenplatte
Mosel
München
Nordseeküste Schleswig-Holstein
Oberbayern
Ostfriesische Inseln
Ostfriesland/Nordseeküste/Niedersachsen/Helgoland
Ostseeküste Mecklenburg-Vorpommern
Ostseeküste Schleswig-Holstein
Pfalz
Potsdam
Rheingau/Wiesbaden
Rügen/Hiddensee/Stralsund
Ruhrgebiet
Schwäbische Alb
Schwarzwald
Stuttgart
Sylt
Thüringen
Usedom
Weimar

ÖSTERREICH | SCHWEIZ
Berner Oberland/Bern
Kärnten
Österreich
Salzburger Land
Schweiz
Tessin
Tirol
Wien
Zürich

FRANKREICH
Bretagne
Burgund
Côte d'Azur/Monaco
Elsass
Frankreich
Französische Atlantikküste
Korsika
Languedoc Roussillon
Loire-Tal
Normandie
Paris
Provence

ITALIEN | MALTA
Apulien
Capri
Dolomiten
Elba/Toskanischer Archipel
Emilia-Romagna
Florenz
Gardasee
Golf von Neapel
Ischia
Italien
Italienische Adria
Italien Nord
Italien Süd
Kalabrien
Ligurien/Cinque Terre
Mailand/Lombardei
Malta/Gozo
Oberital. Seen
Piemont/Turin
Rom
Sardinien
Sizilien/Liparische Inseln
Südtirol
Toskana
Umbrien
Venedig
Venetien/Friaul

SPANIEN | PORTUGAL
Algarve
Andalusien
Barcelona
Baskenland/Bilbao
Costa Blanca
Costa Brava
Costa del Sol/Granada
Fuerteventura
Gran Canaria
Ibiza/Formentera
Jakobsweg/Spanien
La Gomera/El Hierro
Lanzarote
La Palma
Lissabon
Madeira
Madrid
Mallorca
Menorca
Portugal
Spanien
Teneriffa

NORDEUROPA
Bornholm
Dänemark
Finnland
Island
Kopenhagen
Norwegen
Schweden
Südschweden/Stockholm

WESTEUROPA | BENELUX
Amsterdam
Brüssel
Dublin
England
Flandern
Irland
Kanalinseln
London
Luxemburg
Niederlande
Niederländische Küste
Schottland
Südengland

OSTEUROPA
Baltikum
Budapest
Estland
Kaliningrader Gebiet
Lettland
Litauen/Kurische Nehrung
Masurische Seen
Moskau
Plattensee
Polen
Polnische Ostseeküste/Danzig
Prag
Riesengebirge
Rumänien
Russland
Slowakei
St. Petersburg
Tschechien
Ungarn
Warschau

SÜDOSTEUROPA
Bulgarien
Bulgarische Schwarzmeerküste
Kroatische Küste/Dalmatien
Kroatische Küste/Istrien/Kvarner
Montenegro
Slowenien

GRIECHENLAND | TÜRKEI
Athen
Chalkidiki
Griechenland Festland
Griechische Inseln/Ägäis
Istanbul
Korfu
Kos
Kreta
Peloponnes
Rhodos
Samos
Santorin
Türkei
Türkische Südküste
Türkische Westküste
Zakinthos
Zypern

NORDAMERIKA
Alaska
Chicago und die Großen Seen
Florida
Hawaii
Kalifornien
Kanada
Kanada Ost
Kanada West
Las Vegas
Los Angeles
New York
San Francisco
USA
USA Neuengland/Long Island
USA Ost
USA Südstaaten/New Orleans
USA Südwest
USA West
Washington D.C.

MITTEL- UND SÜDAMERIKA
Argentinien
Brasilien
Chile
Costa Rica
Dominikanische Republik
Jamaika
Karibik/Große Antillen
Karibik/Kleine Antillen
Kuba
Mexiko
Peru/Bolivien
Venezuela
Yucatán

AFRIKA | VORDERER ORIENT
Ägypten
Djerba/Südtunesien
Dubai/Vereinigte Arabische Emirate
Israel
Jerusalem
Jordanien
Kapstadt/Wine Lands/Garden Route
Kenia
Marokko
Namibia
Qatar/Bahrain/Kuwait
Rotes Meer/Sinai
Südafrika
Tunesien

ASIEN
Bali/Lombok
Bangkok
China
Hongkong/Macau
Indien
Japan
Ko Samui/Ko Phangan
Malaysia
Nepal
Peking
Philippinen
Phuket
Rajasthan
Shanghai
Singapur
Sri Lanka
Thailand
Tokio
Vietnam

INDISCHER OZEAN | PAZIFIK
Australien
Malediven
Mauritius
Neuseeland
Seychellen
Südsee

> UNSER INSIDER

MARCO POLO Autor Hans Bausenhardt im Interview

Hans Bausenhardt ist Oberharzer und lebt heute die meiste Zeit des Jahres in St. Andreasberg.

Was hat Sie in den Harz verschlagen?

Ich bin im Herzen immer eine Landpomeranze gewesen, auch wenn ich in der Großstadt aufgewachsen bin, in der Großstadt studiert habe. Es gab im Harz immer noch das Haus meiner Großmutter, ein typisches Oberharzer Haus. Das haben wir vor 30 Jahren renoviert und sind dort eingezogen.

Und wie arbeiten Sie dort?

Ich habe schon damals als freier Journalist gearbeitet, sodass ich mir diesen abgelegenen Wohnort aussuchen konnte. Mein Spezialgebiet ist Reisen, Natur und Wandern im Süden Italiens. Dort bin ich jedes Jahr fünf bis sechs Monate, auf das Frühjahr und den Herbst verteilt.

Was gefällt Ihnen am Harz?

Wenn ich am Morgen die drei Minuten Weg zum Bäcker gehe, grüße ich wenigstens zehnmal und bekomme ebenso oft Antwort. Das passiert in der Stadt nicht. Da erschrecken sich viele, wenn sie angesprochen werden. Dann ist es die schöne Landschaft, das Erlebnis der Jahreszeiten, der weite Blick aus dem Fenster. Wenn ich aus dem Haus gehe, bin ich in fünf Minuten in der Natur.

Was war für Sie das aufregendste Erlebnis im Harz?

Als die Grenze aufging. Ich erinnere mich noch gut daran, wie mir ganze Kolonnen von Trabis auf Straßen entgegenkamen, wo sonst nichts los war, weil sie Sackgassen im Grenzgebiet waren. Für mich war es die Neuentdeckung des Harzes, zuerst im Südharz, weil dort der erste Grenzübergang aufgemacht wurde. Dann kamen das Bodetal, der Brocken, Halberstadt und Quedlinburg.

Was ist Ihr Harzer Höhepunkt im Jahr?

Einmal im Jahr bricht bei mir das Jagdfieber auf Steinpilze aus. Am besten sind Regentage im August. Da kommen sie massenweise aus dem Boden, und die Sammlerkonkurrenz wartet noch auf den Beginn der Pilzsaison im September. Aber auch der erste Bärlauch im Frühling und im Sommer die Beerenfrüchte motivieren zum Ernteeinsatz.

Und wie steht´s mit der Harzer Küche?

Vielen gilt der Harz als kulinarische Wüste. Das ist aber nicht so, sondern es hängt von den Zutaten und den Köchen ab. Eine Harzforelle oder eine Steckrübensuppe können lieblos zubereitet sein, oder sie sind ein Hochgenuss. Glücklicherweise finden immer mehr Harzer Köche zu guter Qualität zurück.

> BLOSS NICHT!

An Feiertagen sollten Sie keine Idylle erwarten

Rauchen und Feuer machen

Die sonst so freundlichen Förster und Nationalparkranger werden dann ganz amtlich. Nach langen Trockenperioden besonders im Frühling und Sommer reicht meist nur der sprichwörtliche Funken, um Wälder und Trockenrasenflächen in Brand zu setzen. Heißer Auspuff und Kat haben schon oft trockenes Gras, Laub und Nadelstreu entzündet.

Aus der Spur im Winter

Viele Tiere überleben den Winter nicht, weil ihre Winterruhe von Wanderern und Skiläufern gestört wird, die von den gespurten Wegen und Loipen weg in die unberührte Natur eindringen. Mit jeder Flucht verbrauchen sie Energien, die bei dem kargen Futterangebot nicht wieder ersetzt werden können.

Mit hundert in die Kurve

Bei schönem Wetter dröhnt der Oberharz, wenn die Motorradler durch die Kurven der Harzstraßen schwingen. Für viele ist der Ritt durch den Harz zur Reise ohne Wiederkehr geworden. Hauptursache für die Unfälle ist zu schnelles Fahren.

Durchs Moor stapfen

Es ist verboten, zerstört diesen so empfindlichen Lebensraum von seltenen Tieren und Pflanzen, die vielfach auf roten Listen stehen. Und es kann lebensgefährlich sein.

An Feiertagen fahren

Bei schönem Wetter und idealen Schneeverhältnissen ist der Harz an Wochenenden und Feiertagen hoffnungslos überlaufen. Vor allem da, wo es sich ohnehin immer drängelt, wie an Brocken und Wurmberg, in Schierke, Torfhaus, Königskrug, an Hexentanzplatz, Rosstrappe, Josephskreuz und Kyffhäuser ... Wenn Ihre Harzreise an solchen Tagen sein soll, fahren Sie lieber mit Bus und Bahn. Und bestellen Sie Ihr Quartier vorher.

Ohne Winterreifen fahren

Auch wenn die Hauptstraßen längst geräumt sind, können Nebenstraßen mit festgefahrenem, oft spiegelglatt vereistem Schnee bedeckt sein. Die weiße Jahreszeit beginnt im Oberharz im November und dauert bis in den April hinein.

Knauserig sein

Eintritt und Führungen in Kirchen, Klöster, Heimatstuben und auch Museen sind oft gratis. Ein Dankeschön in Gestalt einer Spende für Erhaltung und Unterhalt der oftmals durch Privatinitiative instand gehaltenen Einrichtungen gehört sich einfach.

Querfeldein im Nationalpark

Es gilt striktes Wegegebot. Hunde nur an der Leine. Die Ranger dürfen Ordnungsstrafen verhängen.